中国有色金属工业协会专家委员会组织编写

有色金属系列丛书

中国稀土

北京
冶金工业出版社
2015

内 容 提 要

本书共分八篇，内容包括：概述，稀土资源状况，稀土采矿和选矿，稀土冶炼，稀土材料，稀土应用市场，稀土行业政策，世界主要稀土企业等。

本书浅显易懂，适合于关心、从事稀土行业管理、生产及教学和研究机构的有关人员参考。

本书由北京有色金属研究总院编纂定稿。

图书在版编目(CIP)数据

中国稀土/中国有色金属工业协会主编．—北京：冶金工业出版社，2015.1

（有色金属系列丛书）

ISBN 978-7-5024-6807-1

Ⅰ.①中…　Ⅱ.①中…　Ⅲ.①稀土金属—有色金属冶金—冶金工业—中国　Ⅳ.①F426.32

中国版本图书馆 CIP 数据核字（2014）第 276592 号

出 版 人　谭学余
地　　址　北京市东城区嵩祝院北巷 39 号　邮编　100009　电话　(010)64027926
网　　址　www.cnmip.com.cn　电子信箱　yjcbs@cnmip.com.cn
责任编辑　张熙莹　美术编辑　彭子赫　版式设计　孙跃红
责任校对　李　娜　责任印制　李玉山
ISBN 978-7-5024-6807-1
冶金工业出版社出版发行；各地新华书店经销；三河市双峰印刷装订有限公司印刷
2015 年 1 月第 1 版，2015 年 1 月第 1 次印刷
148mm×210mm；8.75 印张；173 千字；262 页
36.00 元

冶金工业出版社　投稿电话　(010)64027932　投稿信箱　tougao@cnmip.com.cn
冶金工业出版社营销中心　电话　(010)64044283　传真　(010)64027893
冶金书店　地址　北京市东四西大街 46 号(100010)　电话　(010)65289081(兼传真)
冶金工业出版社天猫旗舰店　yjgy.tmall.com

序

为适应有色金属工业发展的需要，普及和提高有色金属知识，提升全国有色金属战线广大干部职工的思想业务素质，促进我国从有色金属生产大国向有色金属工业强国的转变，中国有色金属工业协会组织编写了《中国铜业》等《有色金属系列丛书》（共21本）。《丛书》集中了全行业的智慧和力量，汇集了当今中国乃至世界有色金属领域的最新知识和信息，深入浅出，通俗易懂，融知识性、实用性为一体，是社会各界学习和提高有色金属知识的好教材和实用工具书。

有色金属是经济社会发展必不可少的基础材料和重要战略物资。有色金属作为功能材料和结构材料而广泛应用于人类生活的各个领域，成为当今高新技术发展和国防军工的重要支撑。有色金属的生产和消费水平已经成为衡量一个国家社会进步的重要标志。

中国是生产有色金属品种最全的国家，门捷列夫化学元素周期表中的64种元素的有色金属都能生产。中国是世界生产和消费有色金属最多的国家，到2011年十种有色金属产量已达3438万吨(快报数)，连续10年位居世界第一，年消费有色金属已达3580万吨以上，连续9年位居世界第一。目前全国已有有色金属企业、事业单位3万多家，就业人员360多万。

有色金属涵盖的金属品种多。在元素周期表中，除了黑色金属铁、锰、铬，锕系和超锕系放射性金属元素外，余下64种都为有色金属元素。有色金属成矿条件复杂，矿床类型多样，矿体形态变化大，元素组合多样，勘探难度大，而且需要综合勘探、综合评价。有色金属结构复杂，多种矿物相嵌共伴生关系密切，选矿和冶炼的技术、装备复杂，工艺流程长。有色金属应用领域广，用途千差万别，材料的研制和加工复杂。有色金属元素在原矿中含量低，富集比都在几十、几百、几千甚至几万以上，导致在采矿、选矿和冶炼过程中固体废物多，节能环保压力大，工艺技术复杂。综合上述不难看出，有色金属产业是固体矿产资源开发利用领域最复杂的产业，有色金属知识领域宽广、博大精深。

建设现代化的有色金属工业强国是全行业360多万职工为之奋斗的目标。我相信，《丛书》的出版发行，对增进全社会对有色金属工业的了解，推动全行业广大干部职工学习和掌握有色金属知识必将发挥积极重要的作用。让我们行动起来，为促进我国有色金属工业的持续、稳定发展，为实现有色金属工业发展的既定目标而奋勇前进。

中国有色金属工业协会会长 陈全训

2012年8月于北京

前　言

中国是世界稀土资源最丰富的国家，稀土资源优势不仅表现为储量大，而且具有矿物种类齐全、质量好、易采选等特点。中国丰富的轻稀土、中重稀土资源在组分上优势互补，能满足不同应用领域对稀土产品的全面需求，使中国稀土产业在激烈的国际市场竞争中拥有整体优势。

改革开放以来，随着科学技术的进步，中国稀土工业化水平迅速提高，产量快速增长，1986 年一跃成为世界稀土生产第一大国。目前中国稀土冶炼分离产品的产量为 12 万吨左右（以稀土氧化物计，下同），占世界总产量的 90% 以上，处于主导和支配地位，为世界经济发展和繁荣作出了重要贡献。

为适应稀土工业发展及满足社会各界正确了解和掌握稀土知识的需要，中国有色金属工业协会组织北京有色金属研究总院相关专家编写了本书，供关注、关心和从事稀土行业的有关人员学习参考。

本书由黄小卫、李红卫任主编，由北京有色金属研究总院相关专家共同编写。本书是一本综合性的科普类参考书，总结了中国稀土工业发展历程、稀土资源及开发利用现状、稀土材料发展状况及应用市场、稀土行业政策以及世界主要稀土企业等，主要参考了《稀土》(1978 年第一版、1995 年第二版，冶金工业出版社出版)、《稀土及其应用原理浅说》(1993 年中国稀土学会出版)、《稀土元素化学及应用》(1995 年全国稀土信息网出版) 及《稀土农林研究与应用》(2000 年冶金工业出版社出版) 等著作，并引用了一部分有参考价值的国内外文献资料。在此，向支持和协助本书编写的有关单位和稀土界同仁致以崇高的敬意和衷心的感谢。

由于稀土涉及领域广、专业性强，在资料的搜集和整理方面还不够全面，书中的不当之处敬请广大读者予以批评指正。

编　者

2014 年 5 月

目　录

第一篇

概　述

第一章　稀土工业的发展概况

稀土（rare earth，简称 RE）是化学元素周期表第三副族中原子序数从 57 至 71 的 15 个镧系元素，即镧（La）、铈（Ce）、镨（Pr）、钕（Nd）、钷（Pm）、钐（Sm）、铕（Eu）、钆（Gd）、铽（Tb）、镝（Dy）、钬（Ho）、铒（Er）、铥（Tm）、镱（Yb）、镥（Lu），再加上与其电子结构和化学性质相近的钪（Sc）和钇（Y），共 17 种元素的总称。稀土元素并不稀少，也不像“土”，而是典型的金属元素。

1787 年，瑞典军官卡尔·阿雷尼乌斯（K. Arrhenius）在瑞典斯德哥尔摩东北约 30km 的一个村庄伊特比（Ytterby）发现了一种新矿物（硅铍钇矿）。1794 年，芬兰化学家约翰·加多林（J. Gadolin）从这种新矿物中发现了一种新元素，并将其命名为钇土（即钇的氧化物），自此拉开了研究、利用稀土的新纪元。由于各稀土元素性质极其相似，在自然界中共生，分离十分困难，受当时科技水平限制，只能制得一些不纯净的、像土一样的氧化物（实际上是混合稀土），这些混合物的外表颜色及不溶于水的性质很像当时被称为“泥土”的碱土金属氧化物，因此，科学家认为这些稀土氧化物较其他金属稀少，故将这些元素称为稀土。在此后的107年间，科学家陆续发现了铽、铒、镱、钬、铥、镝、镥、铈、镧、钐、钪、钆、铵、镨、铕等15种稀土元素。1947年，马林斯基（J. A. Marinsky）等人用人工方法从核反应堆铀的裂变产物中提取出最后一个稀土元素钷，至此共经历153年的艰苦探索，17种稀土元素才被全部发现。

第一节 国外稀土工业的发展

国外稀土工业的发展始于1886年，奥地利人韦尔斯巴赫发现，将99%的氧化钍和1%的氧化铈混合物加热，会发出强光，制成了称为奥尔灯的汽灯纱罩，并开始走向工业化，在德国获得了制造发明专利。为获取钍，挪威和瑞典开始开采稀土矿，从而拉开了世界稀土工业化生产的序幕。

自汽灯纱罩发明至第一次世界大战期间，德国一直是世界稀土生产的垄断者。1911～1949年间，其年均产量在1000～2000t REO，占世界产量的95%左右。这一时期，稀土并没有实现太大用途，仅作为钍的副产品加以回收。

20世纪初，由于稀土材料逐步应用在打火石、电弧棒、玻璃着色等领域，人们对稀土的价值有了新的认识，对稀土的分离主要采用分级结晶法。

第二次世界大战期间，为制造原子弹，美国实施了曼哈顿计划，并开展离子交换法回收铀的研究。1947 年，参与该计划的部分科学家发现离子交换还可分离相邻的稀土元素。美国学者斯佩丁（F. H. Spedding）针对稀土元素特性，改进了离子交换工艺，实现了批量制备高纯单一稀土元素这一实验室设想，并于20 世纪50 年代中期投入工业生产，取代了传统的分级结晶稀土分离工艺，使稀土纯度从低于98% 提高到高于99. 9% ，为开展稀土研究和发展稀土工业打下了坚实的基础。

1949 年，美国在加利福尼亚的芒廷帕斯（Mt. Pass）发现大型氟碳铈矿，1952 年开始开采，1954 年建成年生产能力15000t REO 的矿山，并正式投产，实际产量为能力的25% ~30% ，使美国一举成为世界最大的稀土生产国，其产量占世界的57% 。20 世纪60 年代中期，人们陆续发现了稀土元素独特而优异的化学、物理性能，稀土生产从制备单一稀土金属和氧化物逐步发展到制备各种稀土合金材料、稀土发光材料、稀土永磁材料、稀土磁致伸缩材料、稀土储氢材料等高科技功能材料，这些发现和应用进一步推动了稀土工业的发展。

20 世纪60 年代初，有机溶剂萃取法由于具有工艺流程短、处理量大、成本低等优点得到了迅速发展，逐步取代离子交换成为稀土分离的主流工艺，稀土产量大幅度增加，稀土金属和氧化物的纯度也不断提高，达99. 99% 以上。

20 世纪70 年代初，美国将稀土用于高强度低合金钢的炼制，稀土用量大增。美国政府决定扩大芒廷帕斯矿山开采能力，1973 年年采选能力达 3 万吨 REO，80 年代前半期，年产量最高达 2.5 万吨。期间，稀土的分离加工国还有日本、法国、英国、德国、奥地利、加拿大和苏联等，其中生产能力较大的是法国罗纳·普朗克（Rhone Poulenc）公司，该公司主要从澳大利亚购买独居石进行冶炼分离。

20 世纪 80 年代，中国稀土工业快速发展，1986 年稀土冶炼分离产品产量超过美国，成为世界最大的稀土生产国。

20 世纪 90 年代末，由于稀土冶炼分离过程中产生的含铵或钠离子废水导致的环境污染问题以及生产成本高的压力，美国、法国等发达国家逐渐减少或停止稀土矿的开采冶炼，法国罗纳·普朗克等国外企业将稀土冶炼分离产业向中国转移，将注意力转移至稀土高新材料的研究与生产。到 21 世纪初，国外稀土年生产量已下降至世界的 10% 以下，世界稀土产业的原料供应主要来自于中国。

近年来，中国为了保护稀土资源，减少环境污染，加强了对稀土矿山开采及冶炼分离行业的治理整顿，出台了一系列政策和管理规定，引发了以美、日为首的主要稀土消费国的“恐慌”。为保障稀土原料供应，国外稀土企业掀起了稀土资源开发热潮，一些原已停产的国外稀土采选冶企业纷纷恢复并扩大生产。美国钼公司（Molycorp）于 2011 年启动凤凰计划，分两期建设稀土生产线，一期 2013 年底投产，年产能为 1.905 万吨 REO，二期年产能将达到 4 万吨 REO。澳大利亚莱纳公司（Lynas）2001 年获得了澳大利亚韦尔德山稀土矿权权益，2011 年 5 月开始利用韦尔德山稀土原矿生产稀土精矿，并在马来西亚关丹市设立了冶炼分离厂处理分离该精矿，分离厂计划分两期建设，一期年产能为 1.1 万吨 REO，二期将根据市场需要，扩产至年产 2.2 万吨 REO，由于环境问题该分离厂的建设遭到了当地居民强烈反对，开工投产日期一再拖延，直到 2012 年，马来西亚政府才为其颁发了为期 2 年的生产许可证，2013 年 2 月生产出第一批稀土产品。另外，在加拿大、南非、越南还启动了一大批稀土资源勘探、开采项目，世界稀土生产与供应格局正在逐渐发生变化。

第二节　中国稀土工业的发展

中国稀土工业的发展可大致分为以下四个阶段。

一、起步阶段（1949 ~ 1977 年）

新中国成立前，中国没有稀土工业，所需稀土产品均依靠进口。

1949 年底新中国刚成立，国家就组织北京地质研究所白云鄂博调查队（后改为 241 地质队）对白云鄂博矿区进行了大规模地质勘探与研究。1956 年国家发布《1956 ~ 1967 年科学技术发展远景规划纲要》，其中第 16 项中涉及对稀土元素的分析、提取、分离及其化合物的研究并探索新用途的内容。“一五”期间，白云鄂博矿的综合利用被列为国家重点科研项目。中央专门成立包头矿领导小组，组织国内有关科研单位开展工作。

1958年，中国科学院和冶金工业部的有关研究机构（长春应用化学研究所、北京有色金属研究总院等）先后成功开发离子交换和有机溶剂萃取分离稀土工艺。1962年，北京有色金属研究总院受国家委托承担并完成了全部16个稀土元素提取、单一稀土氧化物分离和单一稀土金属制备的研究任务，填补了国内空白。

1960年，江西省地质局908地质队在江西龙南首次发现了大型花岗岩风化壳稀土矿，后由赣州有色冶金研究所命名为离子吸附型稀土矿。

1963年，国家科委正式批准成立了专门从事稀土研究开发的冶金工业部包头冶金研究所（后更名为包头稀土研究院）。

1964年，上海跃龙化工厂正式投产，建成了中国第一条以独居石为原料的稀土分离生产线。1970年，上海跃龙化工厂建成中国第一条可生产99.99%氧化钇的萃取分离生产线。

1964年，北京有色金属研究总院发明了锌粉还原碱度法制备99.99%氧化铕的技术，满足了国内早期的彩色电视生产对红色荧光粉的需求。1976年采用离子交换技术实现了高纯单一稀土氧化物的规模化生产，如：纯度大于99.9%的氧化铥、大于99.9%的氧化镝和大于99.999%的氧化钇。

1966年，北京有色金属研究总院、北京有色冶金设计总院、包头冶金研究所、上海跃龙化工厂、长春应用化学研究所和包钢稀土三厂等单位开展了碳酸钠焙烧—硫酸浸出P204萃取提铈和高温氯化等工艺技术的试验会战，开发出氯化稀土的生产工艺。

1970年，中国科学院上海有机化学研究所在工业规模上成功合成了P507萃取剂，为稀土高效萃取分离工艺开发奠定了物质基础。

1970年起，中国陆续研制成功SmCo永磁材料、储氢合金、抛光粉、荧光粉、催化剂等稀土新材料及其应用技术。

1972年，北京有色金属研究总院采用回转窑浓硫酸焙烧冶炼低品位包头稀土精矿生产氯化稀土第一代酸法，此后，哈尔滨火石厂、包钢稀土三厂和甘肃903厂先后采用该工艺生产氯化稀土，使年生产能力猛增到10000t以上。这一阶段广东珠江冶炼厂、包头市稀土冶炼厂、九江有色金属冶炼厂等相继投产，形成了中国稀土工业的主体框架。

1972～1974年，北京大学徐光宪院士领导的科研组在萃取分离包头轻稀土方面取得重大突破，提出了著名的稀土串级萃取理论。1976年在上海跃龙化工厂举办研讨班，使这一理论在全国得以推广应用。

截至20世纪70年代末，中国稀土产品产量仅1000多吨，主要是稀土硅铁合金和氯化稀土等初级产品。高纯单一稀土化合物多数处于试验室开发阶段，至80年代初年产量不足20t。

二、稳步发展阶段（1978～1985年）

十一届三中全会后，中国稀土工业进入了一个新的发展阶段。

1978 ~1986 年，方毅副总理受邓小平同志委托曾先后八次赴包头，组织领导稀土资源综合利用和科技攻关工作，并于1978年在冶金工业部设立全国稀土推广应用领导小组办公室。为加强稀土推广应用，1980 年成立了中国稀土学会。

1980 年，北京有色金属研究总院硫酸强化焙烧—萃取法处理包头稀土精矿工艺技术获得突破，并将该技术转让给甘肃903厂（甘肃稀土公司），903 厂于1982 年10 月建成年产6000t 氯化稀土生产线，成为当时亚洲最大的稀土冶炼厂。硫酸法工艺流程经过不断完善获得广泛应用，成为包头稀土矿冶炼分离主流工艺，该工艺能连续大规模生产，且较之前生产成本大幅度降低。

1981 年，上海跃龙化工厂利用北京有色金属研究总院“钙热还原法制备钐钴永磁粉末工艺”建成年产 30t 钐钴永磁粉末生产线，利用复旦大学的研究成果，建成年产 400kg 灯用三基色荧光粉生产线，建成年产 10t 荧光级氧化钇生产线，满足了国产彩电显像管生产的需求。

1985 年，中国稀土产量猛增至8500t，与1978 年相比净增7.5 倍。“六五”期间中国稀土生产年均递增达27%。

这期间，国家经委、国家科委对全国稀土科研开发及产业化投入7000 多万元，为中国稀土工业的发展起到了重要的作用，有力推进了稀土工业体系建设。

三、高速发展阶段（1986 ~1995 年）

1988 年，国务院稀土领导小组成立，第一次会议讨论落实中央确定的“强化管理、保护资源、科学开发、联合对外”发展稀土工业的十六字方针。国务院稀土领导小组办公室设在国家计划委员会。

“七五”期间，稀土行业的技术改造和技术进步工作被纳入国家计划管理，国家计委稀土办公室确定了“技术改造与科技开发相结合，生产与内外市场开发并重”的工作方针，下大力气开发推广稀土在传统产业中的应用，同时开发稀土新材料，推动高新技术产业的发展，稀土产业步入高速发展阶段。北方稀土产业规模进一步扩大，形成了世界级的生产基地；南方离子吸附型稀土原地浸矿工艺、全分离工艺等产业化技术取得突破，继上海和广东之后，江苏、江西等省又新建和扩建了一批稀土企业，离子吸附型稀土矿实现了规模化开采、冶炼和分离。

1986 年，中国稀土产品生产总量达到 11860t，首次超过美国（当年产量 11000t），跃居世界第一。1988 年，中国稀土矿产品产量达到 29640t，超过美国 1984 年最高年产量 25950t 的水平。

“八五”期间，中国稀土生产继续保持年均递增 20% 左右的高速发展。1995 年，中国稀土冶炼分离产品产量达到 40000t，其中高纯单一产品产量为 8550t，占 21.4%；矿产品产量达到 48000t，占当年世界总产量的 70% ~80%，产销率几乎为 100%，世界稀土生产中心逐步转到中国。

1991 年，国务院将离子型稀土矿产列为国家实行保护性开采特定矿种。

四、调整升级阶段（1996 年至今）

“九五”期间，中国稀土工业逐步将发展重点转移到调整产业结构上，产品开发的重点向高技术含量的外延产品及各种稀土功能材料转移，企业进入并购重组、集约发展的道路，生产继续保持稳定发展。

“十五”期间，中国稀土行业贯彻落实“开拓市场，推广应用，保护资源，合理开采”的发展思路，继续深入调整产业结构，稀土磁性材料、稀土发光材料、稀土储氢材料等稀土新材料发展迅猛，技术装备水平和生产规模有很大提高。

“十一五”期间，中国的稀土材料产量总体呈快速增加态势，中国不仅在稀土资源储量、生产量、出口量和消费量上居世界第一，各类稀土功能材料产量也居世界领先地位，稀土永磁材料、稀土发光材料年产量占世界总产量的 80% 以上，稀土储氢合金产量超过全球总产量的 70%，中国已成为名副其实的稀土大国。

“十二五”以来，在国家科技专项研究的支持下，高端稀土应用技术研发和产业化成果突出。烧结钕铁硼磁体综合性能$(BH)_{max}$(MGOe) + H_{cj}(kOe) ≥70；热压大块纳米晶 NdFeB 磁体最大磁能积（$(BH)_{max}$）达 53MGOe，达到国际先进水平；汽油车用稀土催化剂及系统集成技术满足欧Ⅴ排放标准；自主研发了常压低成本制备系列稀土氮化物荧光粉技术；LED荧光粉亮度整体提升15%～20%，产业化封装白光LED器件发光效率超过140lm/W，多项LED荧光粉在国外获得专利授权；自主成功研发多台高真空稀土专用提纯装备，如固态电迁移炉、真空蒸馏炉及区域熔炼炉真空度达到10^{-7}～10^{-9}Pa，提高2～3个数量级，10多种稀土金属绝对纯度大于99.99%（包括C、N、O、S在内的60多种杂质小于0.01%），纯度提高1～2个数量级。联动萃取分离、非皂化萃取分离等高效清洁分离稀土提纯技术成功开发，并广泛应用于稀土工业，稀土资源利用率进一步提高，环境污染进一步降低。

近年来，为实现稀土工业的健康发展，中国政府相继出台了一系列稀土行业管理政策和法规，如国务院发布了《关于促进稀土行业持续健康发展的若干意见》，工业和信息化部出台了《稀土指令性生产计划管理暂行办法》并加强稀土开采和生产管理，环境保护部出台了《稀土工业污染物排放标准》并开展了稀土企业环保核查，工业和信息化部出台并实施了《稀土行业准入条件》，税务总局实施了稀土专用发票，财政部提高了稀土资源税征收标准，工业和信息化部、国土资源部、公安部、海关总署等部门连续开展打击稀土违法违规行为专项行动。政策的出台及实施推动了稀土资源的高效开发利用和生态环境的有效保护，进一步加快了稀土产业结构调整的步伐，稀土行业生产经营秩序逐步规范，稀土行业向持续健康发展的目标稳步前进。

第三节 稀土产业链

中国稀土工业发展至今，其产业链逐步延长和完善，如图 1-1 所示。稀土矿石、稀土精矿及初级稀土化合物处于产业链的上游；稀土化合物、稀土金属及合金处于产业链的中游；产业链的下游是以稀土化合物或稀土金属、稀土合金为原料，经深加工获得的高附加值的稀土功能性材料，如稀土发光材料、稀土催化材料、稀土磁性材料、稀土储氢材料等。稀土功能材料的研发和实际应用关系到国家的综合经济实力和国防军工水平，已成为世界各国大力发展的高技术领域。稀土功能材料在新能源汽车、风力发电、新型显示与照明、机器人、电子信息、航空航天、国防军工、节能环保及高端装备制造等战略性新兴产业中均发挥着不可或缺的核心基础材料的作用。

稀土元素的正常原子价是三价，属于周期表中第III_B族。由于稀土元素的外层和次外层电子结构相同，因此化学性质很相似。另外，稀土元素原子半径和离子半径也极为相近，在自然界中常共生在一起。根据稀土元素间原子、电子层结构和物理化学性质，以及在矿物中共生情况和不同的离子半径不同性质的特征，人们将除钪以外的稀土元素分为两组：轻稀土（又称铈组）和重稀土（又称钇组）；根据它们在酸性萃取剂萃取分离时平衡酸度的条件差异，又可将稀土元素分为轻稀土、中稀土和重稀土三组，如图 1-2 所示。

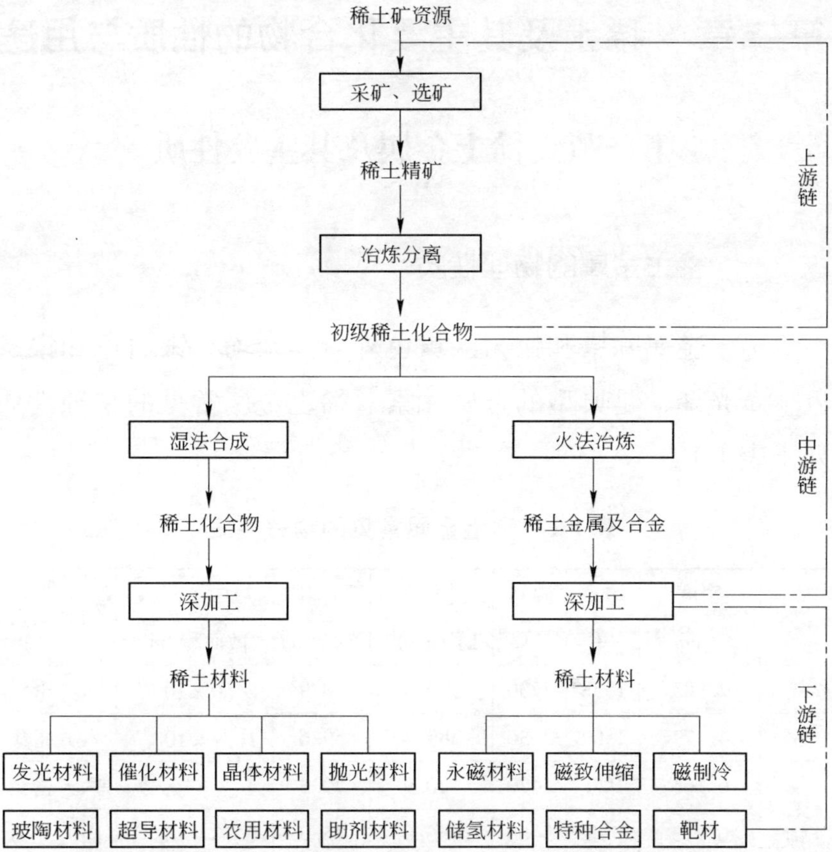

图 1-1 稀土产业链

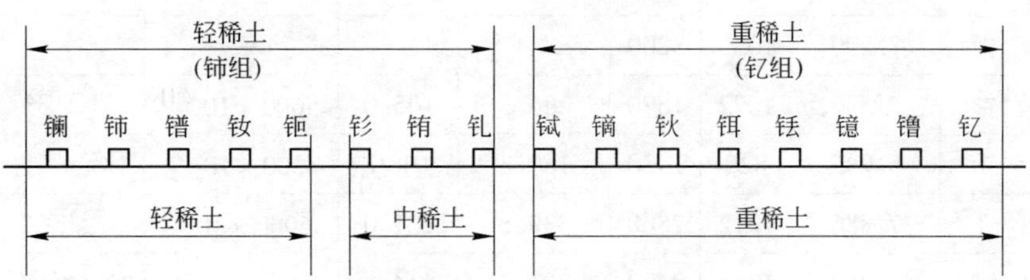

图 1-2 稀土元素分组

第二章 稀土及其主要化合物的性质与用途

第一节 稀土金属及其主要性质

一、稀土金属的物理性质

稀土金属除镨和钕为淡黄色外，其余均有银白色和银灰色金属光泽，是典型的金属元素。稀土金属常见的物理性质列于表 1-1。

表 1-1 稀土金属常见的物理性质

金属	密度 /$g \cdot cm^{-3}$	熔点 /℃	沸点 /℃	升华热 /$kJ \cdot mol^{-1}$	电阻 /$\Omega \cdot cm$	热中子吸收截面积/m^2	结晶构造
钪	2.985	1538	2730	380.7	50.9	24.0×10^{-28}	六方密集
钇	4.472	1502	2630	389.1	59.6	1.31×10^{-28}	六方密集
镧	6.166	920	3470	430.9	79.8	9.3×10^{-28}	六方密集
铈	6.773	793	3468	466.9	75.3	0.73×10^{-28}	面心立方
镨	6.475	935	3017	327.7	68.0	11.6×10^{-28}	六方密集
钕	7.003	1024	3210	325.5	64.3	46×10^{-28}	六方密集
钷	7.200	1035	3200	—	—	—	—
钐	7.536	1072	1670	206.3	105.0	5600×10^{-28}	菱 形
铕	5.245	826	1430	180.3	91.0	4300×10^{-28}	体心立方
钆	7.886	1312	2800	339.8	131.0	46000×10^{-28}	六方密集
铽	8.253	1356	2480	301.2	114.5	46×10^{-28}	六方密集
镝	8.559	1407	2330	297.9	92.6	950×10^{-28}	六方密集

续表 1-1

金属	密度 /g·cm^{-3}	熔点 /℃	沸点 /℃	升华热 /kJ·mol^{-1}	电阻 /Ω·cm	热中子吸收截面积/m^2	结晶构造
铁	8.781	1461	2490	280.0	81.4	65×10^{-28}	六方密集
铒	9.054	1497	2420	310.2	86	173×10^{-28}	六方密集
铥	9.318	1545	1720	243.9	67.6	127×10^{-28}	六方密集
镱	6.972	824	1320	159.8	25.1	37×10^{-28}	面心立方
镥	9.840	1652	3000	427.6	58.2	112×10^{-28}	六方密集

稀土金属硬度随原子序数的增加而增加，其中镱和钐的可塑性最佳。稀土金属还具有良好的延展性，其中铈可以拉成金属丝或压成箔。

稀土金属的导电性能较低，镧在热力学温度47K时出现超导电性。

稀土金属具有很大的顺磁化率、磁饱和强度、磁各向异性、磁致伸缩、磁光旋转和磁熵效应。钆以前的金属和镝在低温时出现铁磁性。

二、稀土金属的化学性质

稀土金属化学活性很强，仅次于碱金属和碱土金属，因此稀土金属要保存在真空、惰性气体或煤油中，否则与潮湿空气接触，易被氧化而变色。在17种稀土元素中，按金属的活泼性次序排列，由钪、钇、镧递增，由镧至镥递减，即镧的碱性最强。稀土金属是强还原剂，可将铁、钴、镍、铬、钒、铌、钽、钛、锆及硅等元素的氧化物还原成金属。

稀土金属溶于稀盐酸、硝酸、硫酸，难溶于浓硫酸，微溶于氢氟酸和磷酸。稀土金属与酸作用反应剧烈，但稀土金属不与碱作用。

稀土金属可形成稳定的氧化物、卤化物、硫化物；稀土金属也可与氢、碳、氮、磷发生反应；还可与铍、镁、铝及许多过渡金属，如铁、钴、镍、银、金等作用生成金属间化合物，具有优异性能，广泛应用于新材料和现代科学技术中。

第二节 稀土元素的主要化合物

稀土主要的化合物有其氧化物、氢氧化物、卤化物、硝酸盐、硫酸盐、草酸盐和碳酸盐等。

一、稀土氧化物

稀土氧化物（REO）除铈、镨、铽外可用通式 RE_2O_3 表示，铈形成的氧化物为高价氧化物 CeO_2，而镨和铽分别形成 Pr_6O_{11} 和 Tb_4O_7。稀土氧化物可通过直接氧化稀土金属或在高温下灼烧其氢氧化物、碳酸盐、草酸盐、硝酸盐得到。

稀土氧化物难溶于水和碱，可溶于盐酸、硫酸、硝酸等无机酸形成相应的盐，稀土氧化物热稳定性很高，熔点、沸点也较高。

二、稀土氢氧化物

稀土氢氧化物可用通式 $RE(OH)_3$ 表示，其中 $Ce(OH)_3$

是不稳定的，有氧存在的条件下容易转变为 $Ce(OH)_4$。稀土氢氧化物的常用制备方法为向稀土盐溶液中加入氨水或碱金属的氢氧化物，或将稀土氧化物与水蒸气加热一起得到。

稀土氢氧化物难溶于水和碱，易溶于无机酸，形成相应的盐。用碱沉淀稀土氢氧化物，开始沉淀的 pH 值随离子半径增加而增加，随稀土浓度减小而增加。

三、稀土卤化物

稀土卤化物主要包括稀土氟化物、稀土氯化物、稀土溴化物以及稀土碘化物。稀土金属在高温下与卤素反应可生成三价无水卤化物。大多数无水卤化物吸水性很强，很容易水解生成 REOX（X 表示卤素）型稀土卤氧化物。二价卤化物以三价卤化物为原料，用 H_2、$LiBH_4$、稀土金属、锌或镁还原得到，其在空气和水中均不稳定，易氧化成相应三价化合物。

稀土氟化物不溶于水，易溶于酸，具有很好的化学稳定性。

稀土氯化物在水或酸中的溶解度很大，随着溶液酸度增加，溶解度下降；随温度升高，溶解度提高不大。

四、稀土硝酸盐

稀土硝酸盐一般通式为 $RE(NO_3)_3 \cdot xH_2O$，x 为 0、3、4、5 或 6。水合稀土硝酸盐可通过硝酸与稀土金属、稀土氧化物、氢氧化物及碳酸盐与硝酸作用生成。无水稀土硝酸盐可在高温加压条件下与 N_2O_4 反应获得。

稀土硝酸盐易溶于水和极性溶剂，在水中溶解度随温度的升高而增大。稀土硝酸盐易潮解，加热到125℃左右可脱去全部结晶水，继续加热则分解变为氧化物，放出 O_2、NO 和 NO_2 气体。

五、稀土硫酸盐

稀土硫酸盐一般通式为 $RE_2(SO_4)_3 \cdot yH_2O$，y 可以是0、3、4、5、6、8、9。水合稀土硫酸盐可通过稀土氧化物、氢氧化物及碳酸盐与硫酸作用得到。无水稀土硫酸盐则可通过稀土氧化物与略过量的浓硫酸反应，或水合硫酸盐高温脱水、酸式盐的热分解得到。

稀土硫酸盐可溶于水，其溶解度随着温度的升高而降低。室温下结晶的硫酸盐带有结晶水，受热时，首先会脱去结晶水，当温度达到800～850℃时，无水硫酸盐分解为氧基硫酸盐，温度继续升高到1050～1150℃时，分解为氧化物。

稀土硫酸盐和碱金属的硫酸盐能形成不溶于水的复盐，其中轻稀土硫酸复盐的溶解度较中稀土硫酸复盐溶解度小。工业上常用该性质实现稀土元素和其他有色金属的分离，达到净化稀土的目的。

六、稀土草酸盐

稀土草酸盐一般通式为 $RE_2(C_2O_4)_3 \cdot zH_2O$，$z$ 通常为

0、6、10。向稀土盐溶液中加入草酸即可沉淀出水合稀土草酸盐。稀土草酸盐不溶于水，在盐酸、硝酸、硫酸中的溶解度随酸度的降低而减小，在 pH 值为 1 左右的低酸度溶液中，可将稀土完全沉淀。在相同的酸度条件下，稀土草酸盐的溶解度随原子序数的增大而减小。和稀土硫酸盐一样，水合稀土草酸盐受热时首先脱去结晶水，无水草酸盐在 400℃时迅速分解成氧化物，只有镧的草酸盐有中间产物碱式碳酸盐生成，为保证得到的氧化物中不含碳酸盐，灼烧温度一般均控制在 800℃以上。

七、稀土碳酸盐

稀土碳酸盐一般通式为 $RE_2(CO_3)_3 \cdot nH_2O$，n 通常为 0、5、6、8、10。向稀土溶液中加入可溶性的碳酸盐，在 $pH > 4.5$ 时，可得到水合稀土碳酸盐。如果沉淀过程温度高，还会析出碱式碳酸盐。

稀土碳酸盐在水中和碱式碳酸盐的溶解度很小，但在碱金属或铵的碳酸盐溶液中的溶解度却显著增加。

稀土碳酸盐可以溶于酸中，生成相应的盐而放出 CO_2 气体。碳酸盐受热则发生分解，在 320 ~ 550℃ 时生成 $RE_2O(CO_3)_2$，温度继续升高则生成稀土氧化物。

第三节　稀土及其化合物的用途

稀土元素因其独特的电子层结构和物理化学性质，使其形成的化合物具有十分优异的磁、光、电、催化等功能，被广泛应用于冶金机械、石油化工、轻工农业、电子信息、能源交通、节能环保、航空航天、国防军工和高新材料等10个领域的40多个行业，是发展高新技术和改造传统产业不可或缺的战略物质，被誉为“现代工业的维生素”和“新材料宝库”。一般将稀土的应用分为两部分：传统领域和高新技术材料领域。

一、稀土在传统领域的应用

（一）冶金机械

在冶金机械工业领域，稀土添加到金属液中，有利于脱去金属液中的氧、硫及其他有害杂质，控制硫化物及其他化合物形态，起到脱氧、脱硫、细化晶粒和强化基体的作用，使得钢材的性能得到改善。

除此之外，在合金材料中加入微量稀土元素，可以同合金中呈溶质状态的铁镍、钴、铜、铝生成金属间化合物，明显改善合金的组织结构及性能。

（二）石油化工

稀土元素通常以无机化合物和有机配合物的形式应用于石油裂化催化剂、石油制品添加剂、润滑助剂、汽车尾气净化剂、稀土催化剂、稀土重整催化剂等化工工业中。其中稀土有机配合物易溶于石油制品，将其加入汽油或柴油中可改善其燃烧性能，减少耗油量和尾气排放量。

此外，稀土还用作油漆催干剂、塑料热稳定剂，用作合成顺丁橡胶等化工领域的催化剂。

（三）玻璃陶瓷

在玻璃工业中，利用稀土元素固有的晶体结构、化学性质和带色离子，将其用作澄清剂、添加剂、脱色剂、着色剂和抛光粉等，起着其他元素不可替代的作用。

在陶瓷和瓷釉中添加稀土元素可以丰富陶瓷的颜色，并减轻釉的碎裂性。

二、稀土在高新技术材料领域的应用

随着高新技术的发展，人们利用稀土元素的特殊性质开发出了稀土磁性材料、稀土发光材料、稀土催化材料、稀土储氢材料、稀土特种玻璃和陶瓷等稀土功能材料，并在高新技术产业中大规模应用，已成为拉动国民经济及国防建设持续稳定发展的重要支撑条件，并促进了相关产业的发展和科学进步。

（一）稀土磁性材料

稀土磁性材料包括稀土永磁材料、稀土磁致伸缩材料、稀土磁存储材料、稀土磁制冷材料、稀土巨磁阻材料等。以钕铁硼为代表的稀土永磁体是迄今最强的磁体，稀土永磁材料已广泛地应用于高性能计算机、移动通信、新能源汽车、风力发电、工业机器人、高速铁路及航空航天等工程技术领域。稀土超磁致伸缩材料应用于精密机械智能控制及核潜艇声呐探测；稀土磁致冷材料是新一代制冷机的核心材料。

（二）稀土发光材料

由于稀土原子具有独特的电子能级结构，能级跃迁通道多达20余万个，发射光波长几乎覆盖了从紫外、可见到红外的范围。自1964年高效的稀土红色荧光粉问世以来，稀土发光材料已发展成为信息显示、照明光源、光电器件等领域的支撑材料。20世纪末以来，稀土发光材料的研究又进入了一个新的活跃期，这主要是因为它们在一些新兴的高新技术，如大屏幕高清平板显示、半导体照明、闪烁体探测、激光制导、光纤通信、现代医疗电子设备等方面显示出了广阔的应用价值和巨大的市场空间。

（三）稀土催化材料

稀土元素除本身具有优良的催化性能外，还具有提高过渡金属及贵金属催化剂的耐高温热稳定性、抗中毒性能、减少贵金属用量等重要作用。稀土催化材料包括汽车尾气净化催化剂、天然气燃烧催化材料、有机废气净化催化剂、工业废气脱硝催化剂、固态氧化物燃料电池电极催化剂等。在石油化工、机动车尾气净化、城市灰霾治理净化、有毒有害气体净化等领域中的作用不可替代。

（四）稀土储氢材料

稀土储氢材料是一类由轻稀土元素和过渡金属组成的、能可逆吸放氢的稀土金属间化合物，其中具有代表性的是$LaNi_5$合金。它具有储氢量大、易活化、不易中毒、吸放氢速度快等优点，已成为一种最具应用前景的储氢材料，主要应用在镍氢电池、氢能储运、蓄热与热泵、静态压缩机、氢气纯化和催化剂等方面，其应用领域涉及能源、化工、电子信息、航空航天、国防军工等。

（五）稀土特种玻璃和陶瓷材料

稀土除用于传统玻璃陶瓷领域外，还可用来制备稀土特种玻璃和陶瓷材料。在特种玻璃领域，铈组轻稀土的应用更为广泛。镧玻璃具有高折射率和低色散功能，广泛应用于透镜和镜头材料；铈玻璃在核辐射下仍能保持透明，在军事和电视工业中发挥着重要作用；钕玻璃可以制成很大尺寸，用于大功率激光装置。

稀土特种陶瓷包括稀土高温结构陶瓷和稀土功能陶瓷。稀土高温结构陶瓷是指在 ZrO_2、SiC 等耐高温、高强度、高韧性陶瓷中掺杂稀土，起助熔和改变晶界的作用。

稀土还在绝缘材料、电容器电介质材料、铁电和压电材料、化学吸附材料、半导体材料、固体电解质材料等材料中得到应用，丰富和发展了稀土功能陶瓷的应用。

三、其他应用

（一）在原子能工业中的应用

稀土金属由于具有不同的热中子俘获截面及其他特殊性质，在原子能工业中已得到应用，如稀土可用作反应堆中控制分裂速度的控制材料，用作制造防护工作人员不受中子辐射作用的结构材料，用作热中子堆和用钠或气冷的中子堆的减速材料。

（二）在医学领域中的应用

医学部门利用稀土及其盐类、化合物来制备各种药品，用于治疗各种肿瘤、动脉硬化、结核病、麻风病、湿疹、关节炎、风湿病、皮肤病、糖尿病等。铈盐制成的止吐药可医治慢性呕吐症和晕船症，用稀土盐和乙酰丙酸能制成一种水溶的防止血凝的药。稀土的制品还用于医学中的治疗及诊断，稀土元素钆的化合物可作为磁共振成像诊断法的显影剂，^{170}Tm 可用于手提式 X 光机。

（三）在农业中的应用

1972 年，北京有色金属研究总院和北京农林科学院等科研单位合作开展稀土农用研究和试用工作，在中国开创了稀土农用先河。经过 40 多年的发展，中国的稀土农用技术已涵盖农、林、牧、渔等领域，稀土在农业领域中的应用呈现出增产、改善品质、提高抗逆性等良好效果。国外研究结果也表明，稀土材料无论在种植业还是养殖业都表现出良好的应用效果。

（四）在轻工业中的应用

在轻工业中，稀土元素主要用于皮革鞣制，皮毛染色，棉纺、毛纺和合成纤维的印染等。其作用十分显著，如经稀土氯化物和醋酸盐处理的纺织品具有不透水、抗酸和抗蒸汽的性能。

除以上应用领域之外，稀土元素还在涂层、超导、传感器等领域起到重要作用。

第二篇

稀土资源状况

第一章　稀土矿物资源

第一节　稀土元素在地壳中的丰度

稀土在地壳中的分布很广，数量也并不稀少。17 种稀土元素在地壳中的总含量为 $153\times10^{-4}\%$，比铜、铅、锌等金属都高，各稀土元素及其他重要金属元素在地壳中的质量分数见表 2-1。不同稀土元素的分布是不均匀的，一般服从 Oddo-Harkins 规则，即原子序数为偶数的元素其含量较相邻的奇数元素的含量大。

表 2-1　稀土元素及其他重要金属元素在地壳中的质量分数

元　素	质量分数/%	元　素	质量分数/%
钪	5.0×10^{-4}	铝	8.8
钇	2.8×10^{-3}	铁	5.1
镧	1.8×10^{-3}	镁	2.1
铈	4.6×10^{-3}	钛	0.60
镨	5.5×10^{-4}	锰	9.0×10^{-2}

续表 2-1

元　素	质量分数/%	元　素	质量分数/%
钕	2.2×10^{-3}	锆	2.0×10^{-2}
钷	4.5×10^{-8}	钒	1.5×10^{-2}
钐	6.5×10^{-4}	铜	1.0×10^{-2}
铕	1.1×10^{-4}	锡	4.0×10^{-3}
钆	6.4×10^{-4}	铅	1.6×10^{-3}
铽	9.1×10^{-5}	锌	5.0×10^{-3}
镝	4.5×10^{-4}	镍	8.0×10^{-3}
钬	1.2×10^{-4}	钴	3.0×10^{-3}
铒	2.5×10^{-4}	铂	5.0×10^{-7}
铥	2.0×10^{-5}	金	5.0×10^{-7}
镱	2.7×10^{-4}	银	1.0×10^{-5}
镥	7.5×10^{-5}	锑	1.0×10^{-4}
		钨	1.0×10^{-3}

稀土元素在地壳中最常见的存在形式是复杂氧化物、含水或无水磷酸盐、磷硅酸盐、氟碳酸盐、氟化物等，也可以以离子吸附状态赋存于某些矿物表面和颗粒中。由于稀土离子半径、氧化态和所有其他性质都近似，因此在矿物中通常共生在一起。稀土在矿物中基本上是三价状态，很少为四价和二价。

第二节　主要稀土矿物

世界稀土资源丰富，已知含稀土的矿物有 13 大类 250

种，目前已开采利用的仅十几种。轻稀土矿物原料主要有氟碳铈矿、独居石矿、铈铌钙钛矿；中重稀土矿物原料主要有磷钇矿、褐钇铌矿、离子吸附型稀土矿、钛铀矿等。重要稀土矿物及其分布见表2-2。

表2-2　重要稀土矿物及其分布

分类	名称	组成		分布
		化学成分	含量	
轻稀土矿物	氟碳铈矿	$(Ce,La)FCO_3$	95%～98%铈组稀土	中国、美国、前苏联
	独居石矿	$(Ce,La,Y,Th)PO_4$	90%～95%铈组稀土	中国、澳大利亚、印度、巴西、刚果、南非、美国、前苏联
重稀土矿物	离子吸附型稀土矿	$[Al_2Si_2O_2(OH)_4]_m \cdot REO$	富镧富钕轻稀土型：70%～80%铈组稀土	中国
			高钇重稀土型：55%～65%钇组稀土 中钇富铕型：45%～55%钇组稀土	中国
	磷钇矿	YPO_4	60%～80%钇组稀土	中国、澳大利亚、挪威、巴西
	黑稀金矿	$(Y,U)(Nb,Ti)_2O_6 \cdot H_2O$	13%～35%钇组稀土	澳大利亚、美国
	硅铍钇矿	$Y_2FeBe_2Si_2O_{10}$	35%～48%钇组稀土	瑞典、挪威、美国

一、氟碳铈矿

氟碳铈矿是最重要的稀土工业矿物之一，属氟碳酸盐类型，其中稀土元素的含量（以 REO 计）为 70% 左右，通常含有锶、镁、铁、铝、钍等元素。稀土元素主要为铈组。氟碳铈矿呈板状或柱状、星点状。集合体一般呈长条状、柱状及放射状。颜色有黄色、棕色、黄褐色、红褐色，具有蜡质玻璃光泽。硬度为 4.2～4.6，密度为 4.2～4.5g/cm^3，具有弱放射性和弱磁性，不溶于水，能够溶于盐酸、硝酸和硫酸，且在磷酸中迅速分解。

二、独居石矿

独居石也是稀土原料中最重要的矿物，属磷酸盐矿物，其中稀土元素的含量（以 REO 计）一般为 50%～60%，常含铀、钍、镭，故具有放射性。独居石呈单斜晶系，晶体为板状或柱状，因经常呈单晶体而得名，颜色有棕红色、黄色，有时褐黄色，油脂光泽，硬度 5～5.5，密度 4.9～5.5g/cm^3；主要作为副矿物产在花岗岩、正长岩、片麻岩和花岗伟晶岩中，与花岗岩有关的热液矿床中也有产出，但主要矿床是滨海砂矿和冲积砂矿；不溶于水，能够溶于热氢氧化钠和浓硫酸。

三、包头混合型稀土矿

包头混合型稀土矿是具典型意义的氟碳铈矿和独居石组

成的混合型轻稀土矿物。稀土的化学成分主要为氟碳酸盐和磷酸盐，精矿中氟碳铈矿与独居石的质量比在9∶1～6∶4之间波动，精矿中包括铁矿物、萤石、重晶石和磷灰石等矿物，其中稀土元素La～Eu的轻稀土氧化物的含量占稀土氧化物总量的98%左右，重稀土中Y_2O_3约占0.4%，其他元素含量甚微。包头混合型稀土矿中还含有Nb、Fe、Mn等多种元素，U、Th含量比独居石低，具有重要的综合利用价值。

四、离子吸附型稀土矿

离子吸附型稀土矿是中国独特的新型稀土矿，属风化壳淋积型稀土矿，目前在稀土资源中具有很高的经济价值。稀土以吸附态被风化壳的高岭土等硅铝酸盐矿物所吸附。矿物中的稀土含量可分为：高钇重稀土型，富含中重稀土，而铈组稀土元素含量较低，钇含量可达到55%～65%，是中重稀土生产的主要工业原料；中钇富铕型，铕的含量比其他矿物的高，铈组与钇组的比例约1∶1；富镧富铕轻稀土型，含有70%～80%铈组稀土。

五、磷钇矿

磷钇矿是一种钇和重稀土含量高的磷酸盐类矿物，含钇60%～80%，常含钆、铽、镝、铒和钍等元素。四方晶系，晶体呈四方柱状或双锥状，集合体呈散染粒状或致密块状，黄褐、红、灰色等，玻璃光泽至油脂光泽，硬度为4～5，密度为4.4～5.1g/cm^3，常具放射性，化学性质稳定。主要分布于火成岩、伟晶岩、碱性花岗岩中，也产于砂矿中，是提取钇的重要矿物原料。

六、褐钇铌矿

褐钇铌矿，晶体属四方晶系的氧化物矿物，属于稀土铌酸盐矿物。化学成分为$YNbC_4$。褐钇铌矿主要产于花岗岩或花岗伟晶岩中，也见于砂矿，亦可产于与基性岩有关的矿床中，与磷钇矿、独居石、锆石、石英或黑云母等共生。褐钇铌矿属于稀土铌酸盐矿物，常含少量铀、钍等，通常为块状或粒状集合体，颜色为黄褐色到黑褐色，硬度为5.5～6.5，密度为5.0～5.8g/cm^3，新鲜断面呈树脂光泽或半金属光泽。

第二章　稀土资源储量及分布特点

第一节　世界稀土储量及分布

世界稀土资源丰富，但分布极不均匀，主要集中在中国、美国、澳大利亚、俄罗斯、印度、加拿大、巴西等国。根据美国联邦地质调查局（USGS）2014年统计，截至2013年底，世界稀土储量（以REO计，下同）总共14000万吨，其中中国稀土探明储量为5500万吨，居世界首位（见图2-1）。

国外已经查明的稀土总储量中以矿物类型计，其中氟碳铈矿占50.6%，独居石和磷钇矿占46.7%，其他矿物占

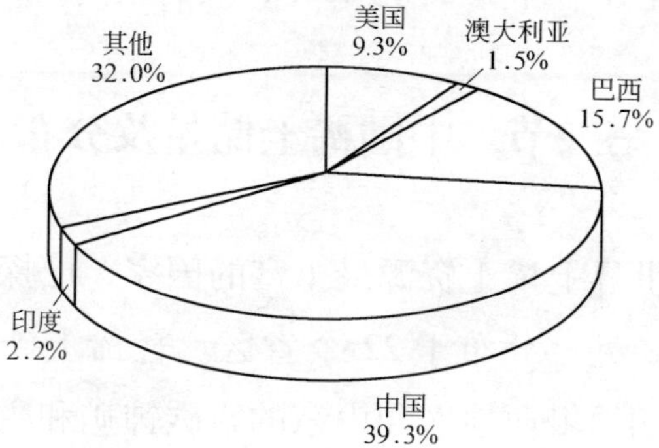

图 2-1　世界稀土储量分布

2.7%。美国芒廷帕斯的氟碳铈矿（见图 2-2），不但储量巨大，而且矿物中稀土品位高，其 REO 品位为 4%～10%，其精矿产品中 REO 为 50%～70%、Y_2O_3 为 0.1%、Eu_2O_3 为 0.1%。印度、东南亚、澳大利亚等地的独居石配分中的 Y_2O_3 和 Eu_2O_3 比美国的氟碳铈矿都高。加拿大北部沥青铀矿副产

图 2-2　美国芒廷帕斯的氟碳铈矿矿区

稀土，产品配分中含 Y_2O_3 为 50%，具有很高的工业价值。

第二节 中国稀土储量及分布

中国是世界上稀土资源最丰富的国家，已探明储量的稀土矿区有 238 处，分布于 22 个省区。轻稀土矿有包头混合型稀土矿、四川攀西地区和山东的氟碳铈矿和主要分布在广东、广西沿海、湖南、台湾等地的独居石矿；重稀土矿有离子吸附型稀土矿和磷钇矿，前者主要分布在江西、广东、广西、湖南、福建、云南、浙江等地，后者主要分布在江西、广西、广东等地。

根据国土资源部 2013 年发表的中国矿产资源年报统计数据，至 2009 年，累计查明稀土资源储量为 11019. 4 万吨，基中基础储量 3713. 8 万吨，见表 2-3，查明可利用资源储量 4439. 5 万吨，基中基础储量 1857. 0 万吨，见表 2-4。

表 2-3 中国稀土矿查明资源储量统计（以 REO 计）

查明资源储量					累计查明资源储量	
年份	矿区数/个	总计/万吨	基础储量/万吨		总计/万吨	其中：基础储量/万吨
			合计	储量		
2005	237	8731. 15	1973. 24	1898. 22	10969. 67	3649. 18
2006	238	8610. 76	1905. 98	1828. 86	10973. 32	3611. 08
2007	233	8468. 53	1837. 05	1761. 00	10968. 07	3608. 67
2008	236	8362. 61	1773. 19	1692. 98	10983. 79	3626. 29
2009	239	8396	1859. 1	1691. 3	11019. 4	3713. 8

表 2-4　2009 年中国稀土矿查明资源储量利用情况（以 REO 计）

名　称	已利用矿区			可规划利用矿区			合　计		
	矿区数/个	基础储量/万吨	查明资源储量/万吨	矿区数/个	基础储量/万吨	查明资源储量/万吨	矿区数/个	基础储量/万吨	查明资源储量/万吨
重稀土矿	16	5.95	56.49	23	2.37	17.81	39	8.31	74.30
轻重未分	4	1699.45	2816.95	4	0	1240.60	8	1699.45	4057.55
轻稀土矿	44	133.93	219.49	47	15.32	88.12	91	149.25	307.61
总　计	64	1839.33	3092.94	74	17.69	1346.52	138	1857.01	4439.46

注：其中轻重未分稀土矿：磷钇矿按 62%、独居石按 65% 折算。

中国在工业上利用的稀土矿物主要有三种：包头混合型稀土矿、四川氟碳铈矿和南方离子吸附型稀土矿。

一、包头混合型稀土矿资源

1927 年丁道衡教授发现了白云鄂博铁矿，1934 年何作霖教授发现包头白云鄂博铁矿中含有稀土元素矿物。20 世纪 50 年代初期发现并探明超大型白云鄂博铁铌稀土矿床，属于铁、稀土、铌共生矿，原矿品位为 5% ~6% REO。

白云鄂博矿是中国乃至世界最大的稀土矿山，分为主东矿和西矿，属于稀土与铁、铌、钍等元素共生的综合矿床。矿物类型复杂，矿区共发现有 71 种元素，170 余种矿物，包括铁、稀土、铌、钍、萤石、钾、磷、硫和钪等，其中稀土矿物 15 种之多，但主要是氟碳铈矿和独居石的轻稀土混合矿，故称为包头混合型稀土矿，其中镧、铈、镨和钕等轻稀土占总稀土量的98%。稀土、铌、钍等资源随铁矿采出，铌、钍等资源尚未开发利用。铁、稀土经过40多年的开发利用，白云鄂博主东矿区已采出铁矿石约2.4亿吨，其中含REO约1440万吨，“十五”末期包钢每年采铁矿1200万吨，随铁矿采出的稀土约72万吨。每年向包钢尾矿坝转移的稀土量约63万吨，这些含有较高的稀土、钍、铌等元素的废渣是宝贵的矿物资源，尚未开发综合利用。

二、四川氟碳铈矿资源

四川稀土资源的发现、开发和利用始于20世纪80年代中期。稀土矿床主要分布于凉山州冕宁县和德昌县。截至2002年底，四川省已探明牦牛坪19-43线的稀土储量为89万吨（其中包括外推E级储量32.5万吨），远景储量300万吨；大陆槽稀土矿探明储量为28万吨，远景储量为78万吨。四川稀土矿属于单一氟碳铈矿矿体，铁、钛、钙、磷等杂质含量少，是中国第二大稀土资源。

三、南方离子吸附型稀土矿资源

20世纪60年代末发现了风化淋积型（离子吸附型）稀土矿床，主要分布在江西、广东、广西、福建、湖南、云南、浙江等南方七省区，已探明储量约162.7万吨，远景资源量805.3万吨。各省区储量分布见表2-5，其中，江西、广东、广西合计占总量的80%。

表 2-5 中国离子吸附型稀土资源总储量分布及资源量（以 REO 计）

省(区)名称	县(市)/个	探明储量/万吨			评价预测储量/万吨	总计/万吨	备　注
		B+C+D 级			E 级		
		表内	表外	合计	1+2 品级		
江西	25	47.2054	7.5185	54.7239	228.5269	283.2535	未计预测远景资源量（即 E3 品级和 F、G 两级未发现矿床资源量）
广东	34	42.145	2.4022	44.5472	224.6633	269.2105	
广西	9	29.1919	4.4149	33.6068	50.7007	84.3075	
湖南	13	11.0717	0.0160	11.0877	24.3375	35.4252	
福建	21	4.3762		4.3762	114.1101	118.8163	
云南	3	(13.6000)		(13.6000)		(13.6000)	
浙江	3	(0.7161)		(0.7161)		(0.7161)	
合计	108	148.3063	14.3516	162.6579	642.6712	805.3291	

南方七省的离子吸附型稀土矿是中国特有的宝贵的中重稀土资源，其中的铽、镝、铕、钇是高科技稀土功能材料的基础原料。江西寻乌等地离子型中重稀土矿中，Sm_2O_3、Eu_2O_3、Gd_2O_3、Tb_4O_7 分别比美国芒廷帕斯氟碳铈矿中的相应稀土氧化物含量高 10 倍、5 倍、12 倍和 20 倍。因此，中国南方离子型矿中重稀土资源，不论从资源量还是稀土元素的种类和配分上来看，均是目前世界上任何国家无法比拟的，具有极大的市场竞争力。1991 年 2 月 5 日，国务院下发《国务院关于将钨、锡、锑、离子型稀土矿产列为国家实行保护性开采特定矿种的通知》(国发〔1991〕5 号)，明确了离子型稀土是保护性开采的特定矿种。

四、其他稀土资源

20 世纪 70 年代初期发现了山东微山稀土矿床，属典型的氟碳铈镧矿床，稀土元素 La、Ce、Pr、Nd 含量之和占稀土总量的 98%，稀土矿物粒度粗，有害杂质含量低，稀土精矿易于加工分离成单一稀土元素，也具有一定的资源质量优势。

中国稀土海滨砂矿较为丰富，主要分布于广东、海南海滨区，成矿物质花岗岩、片麻岩及混合岩，形成于第四纪。矿石类型为砂矿，矿物成分为独居石、磷钇矿、锆石、金红石、钛铁矿、钽铌铁矿，品位 1% ~3%。

除以上稀土资源外，中国内蒙古东部地区与碱性花岗岩有关的稀有稀土矿床，湖北、新疆等地与碳酸盐有关的铌稀土矿床，云南、四川等地与贵州织金相同类型的含稀土磷块岩矿床等均具有很大的资源潜力。

第三节 中国稀土资源特点

中国稀土资源的特点如下：

（1）储量大、分布广。中国稀土资源储量大，分布广。全国 22 省区都发现有稀土矿藏，但 98% 以上的稀土资源集中在内蒙古、江西、广东、四川和山东等地。

（2）北轻南重。中国轻稀土资源主要分布于北部包头的白云鄂博地区；离子型中重稀土资源主要分布于南方省区，占世界中重稀土资源的90%。

（3）矿物种类齐全、稀土元素配分好。中国稀土矿物种类多，主要稀土矿物如氟碳铈矿、独居石和离子吸附型稀土矿等储量大，尤其是独特的离子吸附型稀土矿中铽、镝、铕、钇等中重稀土元素配分比轻稀土矿高4~20倍，是发展国防工业和高技术产业不可缺少的原材料和战略资源（见表2-6）。

表2-6　中国与世界各主要稀土矿的稀土配分（以REO计）

（%）

稀土组分	中国					美国	俄罗斯	澳大利亚
	混合矿（包头）	氟碳铈矿（四川）	离子吸附型稀土矿			氟碳铈矿	铈铌钙钛矿	独居石
			A型	B型	C型			
La_2O_3	25.00	29.81	38.00	27.56	2.81	32.00	25.00	23.90
CeO_2	50.07	51.11	3.50	3.23	<1.09	49.00	50.00	46.30
Pr_6O_{11}	5.10	4.26	7.41	5.62	1.08	4.40	5.00	5.05
Nd_2O_3	16.60	12.78	30.18	17.55	3.47	13.50	15.00	17.38
Sm_2O_3	1.20	1.09	5.32	4.54	2.37	0.50	0.70	2.53
Eu_2O_3	0.18	0.17	0.51	0.93	<0.37	0.10	0.09	0.05
Gd_2O_3	0.70	0.45	4.21	5.96	5.69	0.30	0.60	1.49
Tb_4O_7	<0.1	0.05	0.46	0.68	1.13	0.01	—	0.04
Dy_2O_3	<0.1	0.06	1.77	3.71	7.48	0.03	0.60	0.69
Ho_2O_3	<0.1	<0.05	0.27	—	—	—	—	—
Er_2O_3	<0.1	0.034	0.88	2.48	4.26	0.01	0.80	0.21
Tm_2O_3	<0.1	—	0.13	0.27	0.60	0.02	0.10	0.01
Yb_2O_3	<0.1	0.018	0.62	1.13	3.34	0.01	0.20	0.12
Lu_2O_3	<0.1	—	0.13	0.21	0.47	0.01	0.15	0.04
Y_2O_3	0.43	0.23	10.07	24.26	64.97	0.10	1.30	2.41

（4）稀土矿物开采成本低，价值高。南方离子吸附型稀土矿中高价值元素含量高，开采提取工艺简单且放射性低，是国外少见的优势稀土资源。白云鄂博稀土矿随铁矿大规模采选，成本低，同品级的稀土精矿成本比国外大约低60%。四川稀土矿和山东微山稀土矿矿物粒度粗、有害杂质少，选矿容易，稀土回收率高，且成本较低。

以上所述中国稀土资源的这些特点，为中国稀土工业的发展提供了得天独厚的有利条件。

第三篇

稀土采矿和选矿

第一章 稀土矿开采

中国稀土资源赋存条件的差异较大，采矿技术先进并各具特色，有传统的白云鄂博稀土矿的露天采矿法、四川氟碳铈稀土矿的露天与地下开采相结合法、南方离子吸附型稀土矿的原地浸出采（选）矿法和海滨砂矿的水力采矿方法。

第一节 白云鄂博稀土矿开采

包头白云鄂博矿是一个独特的超大型铁、稀土、铌、钍等多金属共生矿床，是中国也是世界最大的稀土矿山，如图3-1 所示。工业上可开采的稀土主要赋存于主、东矿体靠近下盘的萤石型赤铁矿石中，在这类矿石中铁含量较低，而氧化稀土的含量很高。

该矿床采用传统台阶式露天采矿方法开采，采矿设备主要有铲车和自卸式汽车等（见图 3-2），稀土矿随铁矿石一起采出。目前，含稀土矿石主要有 3 个流向：（1）少量进入

图 3-1　包头白云鄂博矿矿区

图 3-2　包头白云鄂博矿采矿设备

选矿厂选出稀土精矿，每年约 7 万吨 REO 左右；（2）含矿体围岩中的稀土矿，运至排土场专门储存；（3）在铁矿石中的稀土矿，在选铁后输送至尾矿库储存。

包钢尾矿库中稀土（REO）含量为 6% ~7%，总量超过 1000 万吨，已成为一个富含稀土、萤石、铁、铌、钍、钪、钾、萤石、磷灰石、重晶石等多种矿物的资源富集库，图 3-3 所示为包头选矿尾矿鸟瞰图。

图 3-3 包头选矿尾矿库鸟瞰图

第二节 四川稀土矿开采

四川省稀土矿主要分布于攀西地区，在凉山州的冕宁、西昌、德昌等县市，构成了一个南北长约 300km 的稀土资源集中区。其中牦牛坪稀土矿床（见图 3-4）居各矿床之首，该矿中镧、铈、镨、钕等轻稀土占 98% 以上，是典型的氟碳铈矿。该矿区开采初期露天开采居多，后转入地下开采，大多采用人工和机械化相结合的采矿手段，采富弃贫，采矿回收率低（10% ~20%），浪费资源严重。经过自然淘汰和多次整顿，现剩余 10 家左右。

图 3-4 四川牦牛坪稀土矿区

第三节 南方离子吸附型稀土矿采矿

中国南方离子吸附型稀土矿床赋存于丘陵地带山坡浅层。稀土原矿系含稀土的花岗岩、花岗斑岩、流纹斑岩、凝灰岩等岩石的风化产物，属铝硅酸盐矿物，外观像黏土状或砂土状，稀土元素以离子态吸附在铝酸盐矿物上，类似于稀土离子挂在离子交换柱上。因此，离子型稀土矿开采工艺与其他稀土矿的工艺不同，可以直接用无机盐溶液如硫酸铵等淋洗下来，再经过沉淀富集制备稀土精矿。

详见本篇第二章第三节。

第四节 海滨砂矿稀土矿采矿

中国海滨砂矿稀土矿体形状及产状为层状，90% 分布在地表的细砂层中，矿层分布稳定，无需剥离。海滨砂矿一般采用水枪采矿或采砂船采矿，即采用基坑开拓，水枪布置在台阶底板，射流垂直工作面逆向冲采，直接获得矿浆打入选矿车间，广东南山海稀土砂矿开采区如图3-5所示。

图3-5 广东南山海稀土砂矿开采区

第五节 稀土采矿行业存在的主要问题

近年来，中国政府为了保护稀土资源对稀土产业实施了一系列的调控措施，但目前在稀土矿产资源采选中依然存在亟待解决的问题。

一、稀土矿产资源浪费严重

越界开采、无证开采、乱采滥挖、采富弃贫、采易弃难、漏采弃矿压矿现象经常出现，并有愈演愈烈的趋势，严重扰乱了矿产资源开发秩序。包头稀土矿有90%以上的稀土资源进入尾矿坝堆存，其资源利用率仅6%左右；中国特有的南方离子型稀土矿无证开采现象加重，导致产量偏大、恶性竞争，无序开采，矿山的整体资源利用率20%～30%，四川矿选矿收率不足50%，资源浪费的现象仍较严重。

二、生态环境破坏严重

包头白云鄂博稀土经选矿流入尾矿坝，尾矿坝需不断加高扩大容量，且处在干燥、少雨、多强风的高原地区，易扩散成为砂尘源。该尾矿含钍 0.056%，放射性比活度为 2.4 $\times 10^4$ Bq/kg，污染坝外土壤，周围环境。四川大部分采矿场废石、原矿乱堆乱放现象严重，造成水土流失、河道堵塞，由于乱采滥挖，存在安全隐患，造成矿山区环境污染和生态环境破坏。南方离子吸附型稀土矿矿山的整体资源利用率低，大面积植被破坏，水土流失和生态环境破坏较为严重。据估算，每生产 1t 原矿将使土地荒漠 450m^2 左右。

三、专用选矿技术相对落后

中国稀土选矿技术近年来发展缓慢，存在着生产成本高、精矿质量低、回收率低、稀土资源及相伴生的有用组分综合利用率低等问题，如四川稀土矿采用的选矿设备浮选药剂性能与美国同类矿物选矿相比低 15%；南方离子型稀土矿的原地浸矿工艺尚有矿体底板结构构造不明，造成浸矿时漏矿，资源回收率低等缺点。

四、监控管理困难

稀土资源产地大多位于边远山区，给监控管理带来很大难度。稀土资源地周围集聚了众多的中小企业，利用位置优势这一特点，采用迂回战术避开稀土资源政策的管制，依然从自身利益出发从事生产活动，乱采滥挖稀土资源。再则条块分割，多头管理，企业隶属关系复杂，加之地方的保护，有的相关部门违规或越权审批稀土项目，造成稀土行业扩张性的局面。

五、资源的优势地位逐渐削弱

国外出于环保、成本以及资源储备而关闭其稀土矿山，前几年稀土资源全部依赖从中国进口，导致中国稀土资源大幅度消耗。此外，随着世界上其他国家和地区稀土矿的陆续发现，中国稀土资源在世界稀土储量中的比例逐步降低。近年来，中国政府正逐步出台各类政策法规，改善目前的不利状况。如严格执行采矿许可制度，严禁无证采矿。对稀土资源的开发利用执行国家保护性开采政策，禁止乱采滥挖行为，对违法者给予停止或取消采矿权；实行稀土行业准入制度，治理整顿稀土企业环境污染问题；增加稀土领域科技投入，研发无污染开采新工艺，提高稀土资源利用率。

第二章 稀土矿选矿

第一节 白云鄂博稀土矿选矿工艺

白云鄂博矿的特点是氟碳铈矿和独居石呈细小致密状嵌布于萤石、铁矿物中，原矿中 REO 含量为 5% ~6%。铁矿物主要是赤铁矿、假象半假象赤铁矿、磁铁矿，还有其他稀有金属矿物。脉石矿物有重晶石、方解石、白云石、石英、长石、钠辉石、钠闪石、透辉石、云母类等数十种。该矿床矿物种类繁多，所含元素复杂，已发现 71 种元素，114 种矿物，其中有用矿物40余种，含量达60%~75%。

根据该矿石特性制定的综合回收稀土矿物精矿的流程主要有：优先浮选萤石—稀土—铁流程、半优先半混合浮选—铁流程、优先浮选稀土—铁流程、混合浮选—泡沫分离—铁流程、弱磁—半优先半混合浮选—重选—浮选联合流程、浮选—磁选流程、弱磁—强磁—浮选联合流程等，目前广泛采用的工艺为弱磁—强磁—浮选联合流程，如图3-6所示。

该工艺体现了包钢“以铁为主，综合回收稀土矿物”的指导思想。原矿石磨矿磨细后先经弱磁选回收磁铁矿，弱磁选尾矿在磁场强度1.4T的条件下强磁粗选，粗选精矿经强磁精选，精选精矿为强磁选铁精矿。强磁选铁精矿和弱磁选铁精矿合并在弱碱性矿浆中，水玻璃作抑制剂，氧化石蜡皂与$EM_2[R(COOM)ArSO_3M]$ 1∶1混合使用作捕收剂，进行反浮选脱除残存的萤石、重晶石、方解石等，浮选槽内产品即为含Fe大于61%的铁精矿。强磁精选得到的中矿含REO12%，稀土回收率为25%~30%。以上述中矿作为浮选稀土矿物的原料，以H205为捕收剂，水玻璃为抑制剂，H103为起泡剂浮选稀土矿物。经一次粗选二次精选，混合稀土精矿品位50%~60%，混合稀土次精矿品位30%~40%，实际生产中这两种精矿的品位由市场需要确定。

第二节　四川冕宁牦牛坪稀土矿选矿工艺

四川冕宁牦牛坪稀土矿属于碱性花岗岩型稀土矿床，该

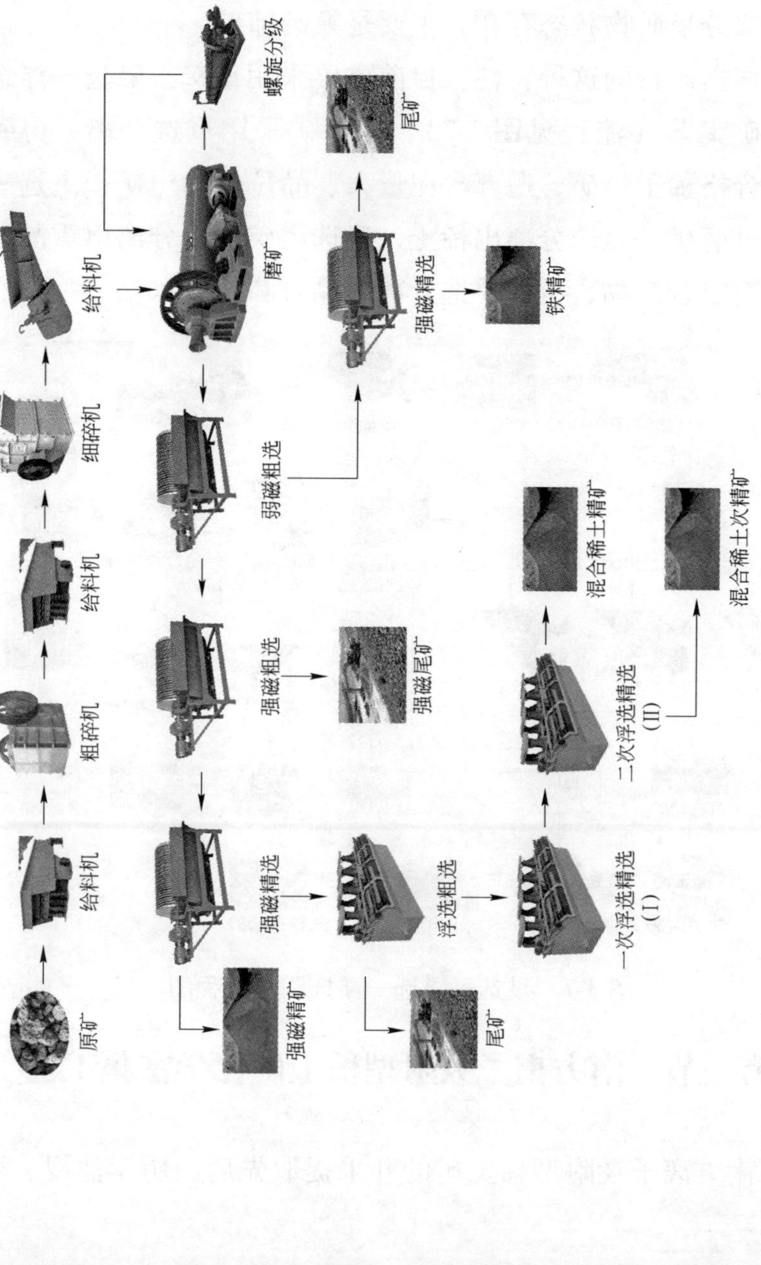

图 3-6 弱磁—强磁—浮选联合流程图

矿石风化严重，质地松软且脆，主要脉石矿物为重晶石、石英、长石、钠铁闪石、霓辉石、云母、方解石等。稀土元素绝大部分呈矿物状态存在，主要是氟碳铈矿。

根据矿石的这种特性，目前主要采用重选—磁选—浮选的选矿工艺（流程见图 3-7），即原矿采用重选分离，得到部分合格稀土精矿，抛弃含泥量大、品位低的尾矿；重选中矿经过磨矿—磁选分离出稀土，磁选尾矿浮选分离出重晶石和萤石混合产物，再经浮选分离重晶石和萤石。

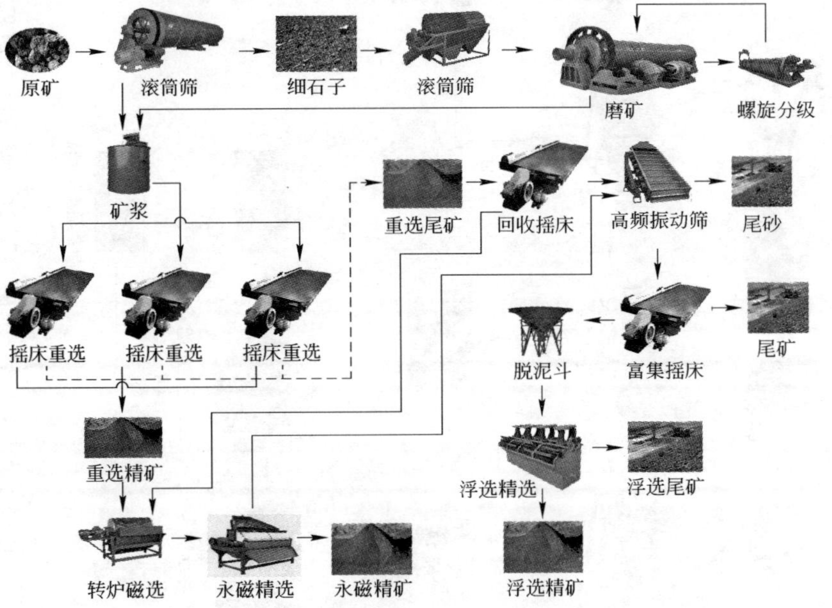

图 3-7　重选—磁选—浮选联合流程图

第三节　南方离子吸附型稀土矿化学富集工艺

南方离子吸附型稀土矿的开采提取先后经历了池浸、堆浸和原地浸矿工艺。其中池浸工艺严重破坏矿区环境，造成严重的沙漠化问题（见图3-8），已经被明令淘汰；堆浸工艺不完全适用于矿层厚度在2～5m且分散分布的南方离子吸附型稀土矿。因此，目前广泛采用的工艺为原地浸矿工艺。

图3-8　池浸工艺开挖后出现沙化的山体

原地浸矿工艺是在含有离子型稀土矿的矿区或地段打井，通过地表注液井加入浸矿液，经渗透和离子交换，有选择地将矿石中稀土离子浸出并回收的工艺（流程见图3-9，现场开采情况见图3-10）。浸出液的回收有负压抽液和水封堵漏法，前者适应性较广。收集流出的浸出液用草酸或碳酸氢铵沉淀、煅烧，得到稀土精矿。该方法稀土浸取回收率达70%～75%，地貌、地表和植被遭破坏程度较小，现已被广泛应用。但是该方法存在地质勘探不到位，因渗漏容易造成地下水源污染等问题。

第四节　海滨砂矿稀土矿选矿工艺

中国广东南山海稀土矿床是含独居石、磷钇矿的典型海

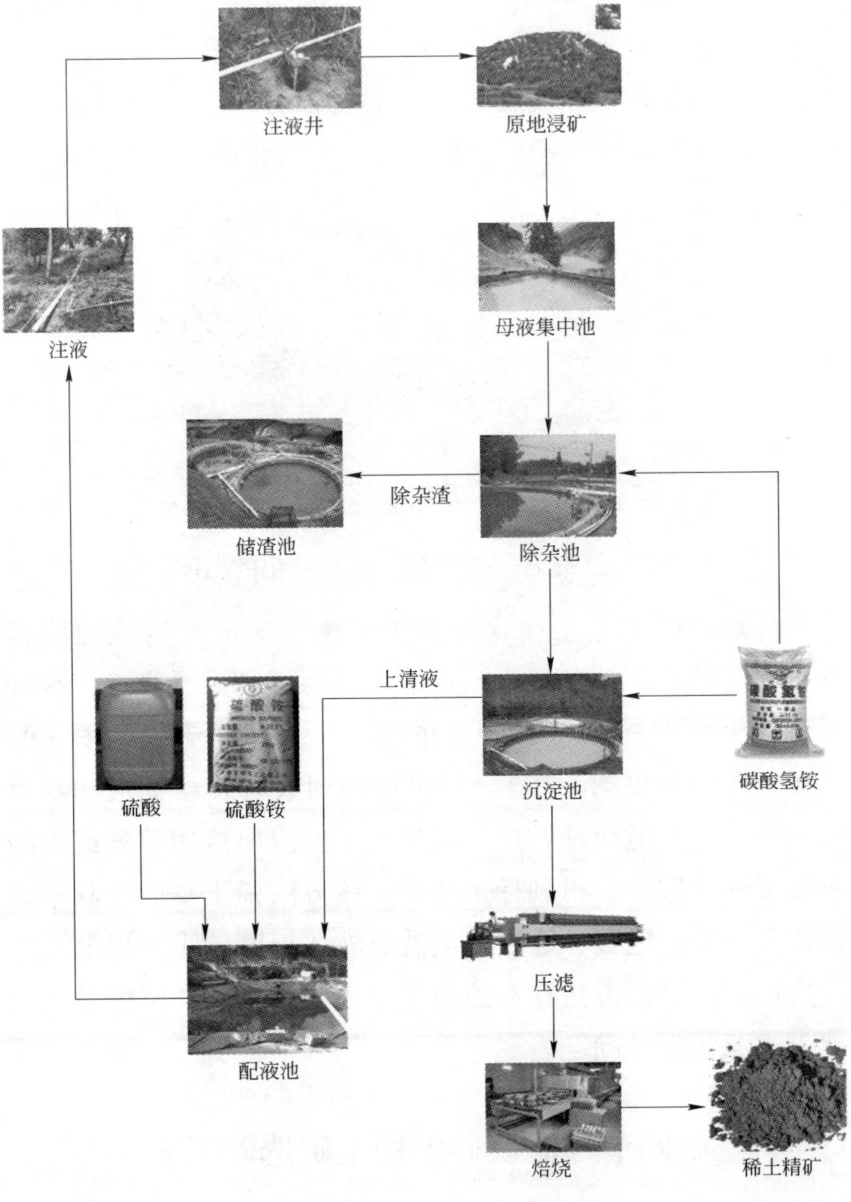

图 3-9 原地浸矿工艺流程简图

(a)

(b)

(c)

(d)

图 3-10 原地浸矿现场图

(a) 矿山；(b) 母液集中池；(c) 沉淀池；(d) 配液池

滨砂矿，矿石中含有的主要矿物有独居石、磷钇矿、锆英石、金红石、白铁矿、钛铁矿及少量锡石等；主要脉石矿物有石英、长石、云母，并含有少量的黄玉、十字石等。

南山海稀土矿冲采厂采选的矿浆沿自然沟流进矿浆池，经砂泵扬送至选矿加工。在粗选过程中，采用振动筛筛分，除去树根、草屑、大块卵石和粗砂。筛下矿浆通过给矿斗均匀分配入粗选螺旋，弃尾矿，中矿经再选螺旋再次弃尾矿，粗选和再选螺旋所获得的粗精矿，经精选螺旋选别，获最终毛精矿，中矿返回再选。粗选厂螺旋选矿机组，随采矿场的变化而移动。毛精矿送精选厂进行分选，再采用重选除去脉石，然后根据有用矿物的不同性质，分别采用浮选、电选、重选组成的联合流程，获得独居石、锆英石、钛铁矿、金红矿等精矿，海滨砂矿选矿具体工艺如图 3-11 所示。

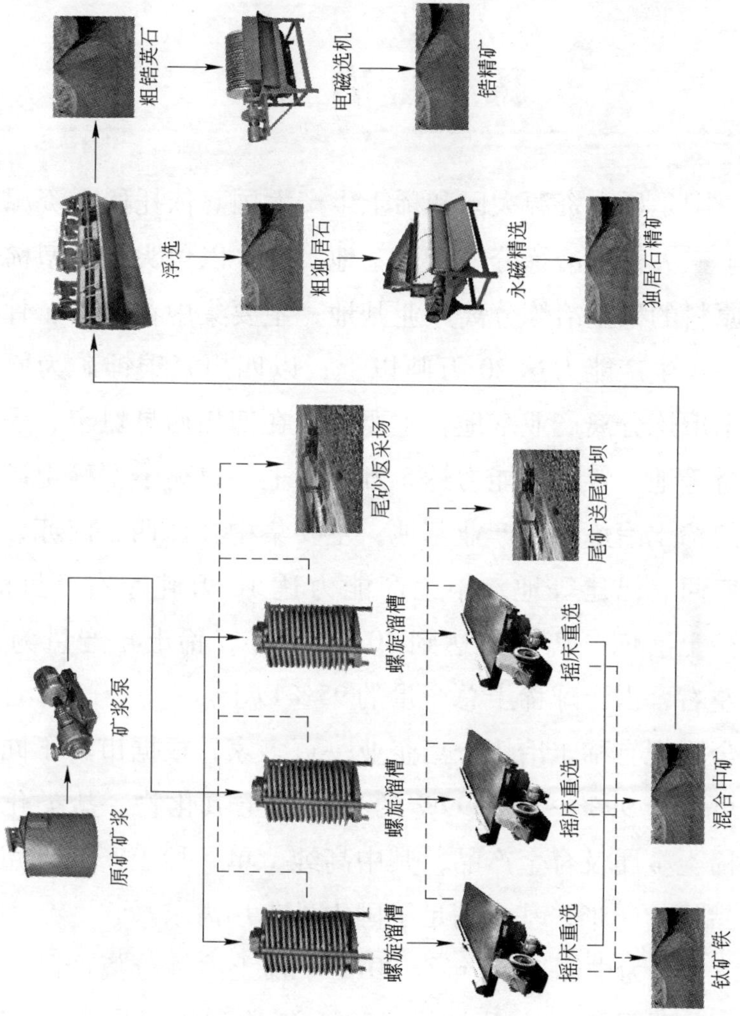

图 3-11 海滨砂矿选矿工艺流程图

第四篇

稀土冶炼

中国是稀土资源大国和稀土生产大国。依托稀土资源地形成了三大稀土冶炼分离产业基地，即：以包头混合型稀土矿为原料的稀土冶炼分离产业基地，主要集中在包头、甘肃等地，年生产能力达20万吨以上；以四川氟碳铈矿为原料的稀土冶炼分离产业基地，主要集中在四川西昌冕宁、乐山五通桥等地，年生产能力达5万吨以上；以离子型稀土矿为原料的稀土冶炼分离产业基地，主要集中在江西、江苏、广东、广西、福建等地，年生产能力达10万吨左右。目前，中国稀土冶炼分离能力达到40万吨/年，稀土年产量为12万吨左右，占全球稀土总产量的95%以上。

全国现有稀土冶炼分离企业一百多家，根据市场不同要求，可生产99%～99.999%的各类稀土氧化物、盐类化合物、稀土金属及合金产品，其中高纯、单一稀土产品已超过总商品量的一半，基本满足了国内外市场需求。

表4-1为中国1988年至2012年稀土冶炼分离产品产量情况，产量呈逐年上升趋势，2006年达到历史最高点15.7万吨。由于近年来稀土冶炼分离能力扩张较快，稀土生产能力远远超过需求量，从而造成稀土产品过剩，特别是高丰度

稀土镧、铈、钇等过剩严重。2007 年，中国政府对稀土工业实行总量控制和指令计划管理，另外，由于近几年来世界经济不景气，市场需求疲软，稀土产量及应用量逐步降低，稀土行业发展速度趋缓。

表 4-1　中国稀土冶炼分离产品的产量（以 REO 计）

年份	1988	1990	1992	1994	1995	1996	1997	1998	1999	2000	2001
产量/t	18709	15057	21000	28000	40000	45338	46500	52000	60000	65000	71000
年份	2002	2003	2004	2005	2006	2007	2008	2009	2010	2011	2012
产量/t	75000	86700	86704	103890	156969	125973	134644	127320	118998	96934	82000

第一章　稀土湿法冶炼

湿法冶炼是金属矿物在酸性介质或碱性介质中进行化学处理提取金属及其化合物的过程。

第一节　包头混合型稀土矿冶炼分离工艺

包头稀土矿是由氟碳铈矿和独居石组成的混合型稀土矿，由于其矿物结构和成分复杂，被世界公认为难冶炼矿种。中国的稀土工作者长期致力于该矿的冶炼分离工艺研究，开发了硫酸焙烧法、烧碱分解法、碳酸钠焙烧法、高温氯化法、电场分解法等多种工艺方法，其中硫酸法和烧碱法在工业上得到广泛应用。浓硫酸强化焙烧—萃取分离（第三代酸法）是北京有色金属研究总院张国成院士带领团队开发的具有原始知识产权的冶炼分离工艺，选用回转窑焙烧（见图4-1），具有连续化、控制简便、易于大规模生产等优点，特别是对原料品位要求低，运行成本低，产品质量好，稀土回收率高。目前90%以上的包头混合型稀土矿采用该方法进行处理。该方法也被扩展用于低品位氟碳铈矿、独居石矿的处理，目前已用于澳大利亚 Mt. Weld 独居石型稀土矿的处理。

图4-1 浓硫酸焙烧设备——回转窑

包头稀土精矿与浓硫酸混合在回转窑中进行焙烧分解，钍和磷生成不溶性焦磷酸盐进入渣中固化，稀土矿物转化为硫酸稀土，经水浸、中和除杂后得到硫酸稀土溶液。从硫酸稀土溶液中提取稀土可采用两种工艺路线：一种路线是将硫酸稀土溶液直接进行碳酸氢铵沉淀、盐酸溶解转型得到氯化稀土溶液，该方法投资小，但沉淀1t稀土氧化物要消耗1.6t的碳酸氢铵，运行成本较高，而且产生大量氨氮废水难以回收处理，造成严重污染；另一种路线是先采用P507进行 Nd-Sm 预分组，然后采用 P204 进行硫酸-盐酸混合体系萃取分组，盐酸反萃转型为氯化稀土溶液。该方法所用 P507、P204 不用皂化，萃取过程不产生氨氮废水，稀土收率高，产品质量好。但由于硫酸体系稀土浓度低，设备投资较大。

第三代酸法工艺（见图 4-2）已运行近 30 年，为稀土工业的建立、发展壮大作出了重要贡献。但随着稀土产业的快速发展，对环境造成的影响也逐年增大。近年来，国内科研院所、稀土企业针对目前存在的环境污染问题，投入了大量的人力、物力进行绿色冶炼分离工艺的研发，取得了一些新的进展。其中针对硫酸化焙烧产生的含硫和氟酸性废气的回收开发出了高效酸回收技术，高效回收其中的氟和硫酸，目前已经在包头华美、甘肃稀土公司等单位推广应用。

氢氧化钠分解法（烧碱法），工艺流程如图 4-3 所示，采用液碱常压分解处理高品位的混合型稀土精矿。该工艺是将包头混合型稀土精矿经盐酸洗钙，液碱分解、洗涤、盐酸优溶得到优溶液和优溶渣，优溶液经浓缩和萃取分组得到混合氯化稀土、中重稀土化合物和混合氯化轻稀土，优溶渣经硫酸化焙烧回收稀土。其分解过程无酸气等有害气体产生，无需复杂的废气处理设备，投资较少。但碱法工艺对包头混合型稀土精矿的品位要求较高，液碱等化工原材料处理成本高，钍分散在废水和废渣中，含钍废渣中稀土含量较高，可以加入硫酸强化焙烧系统回收稀土，并使钍形成焦磷酸钍而固化在渣中。目前，仅有 10% 的包头矿采用该工艺处理。

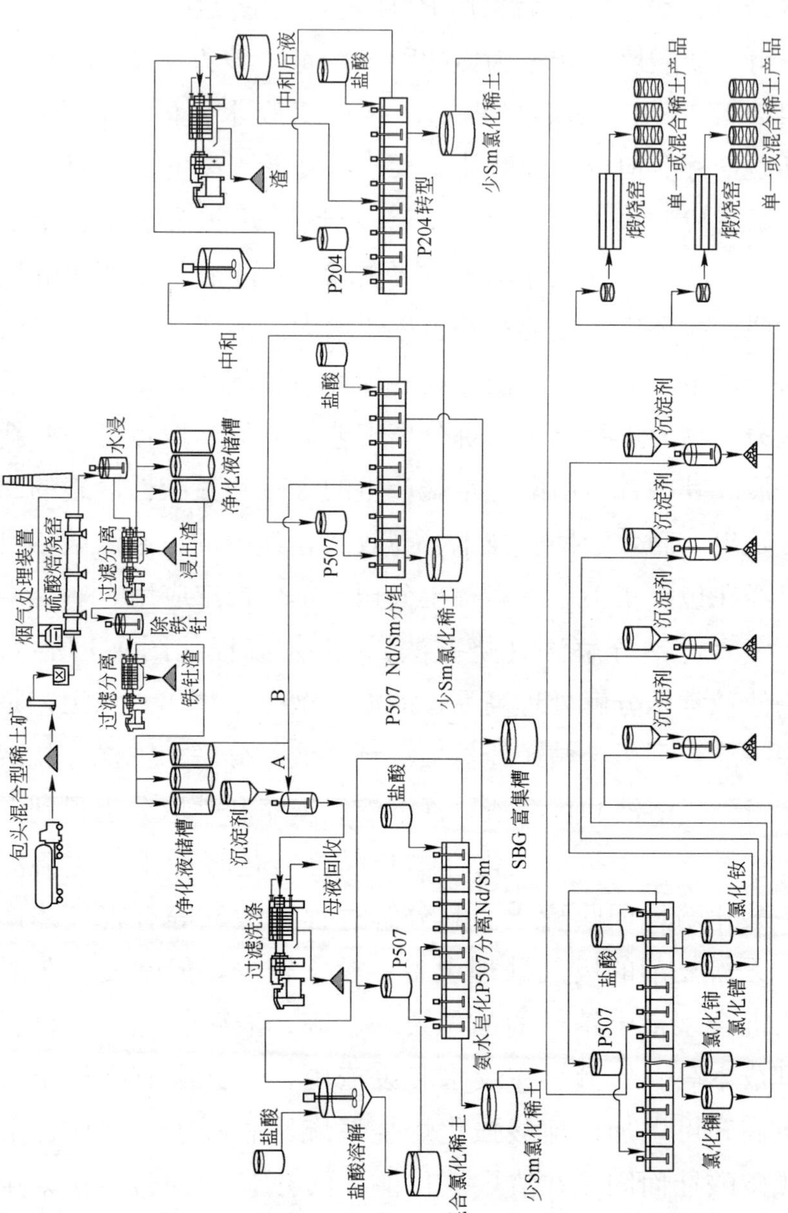

图 4-2 浓硫酸焙烧—萃取分离（第三代酸法）工艺流程图

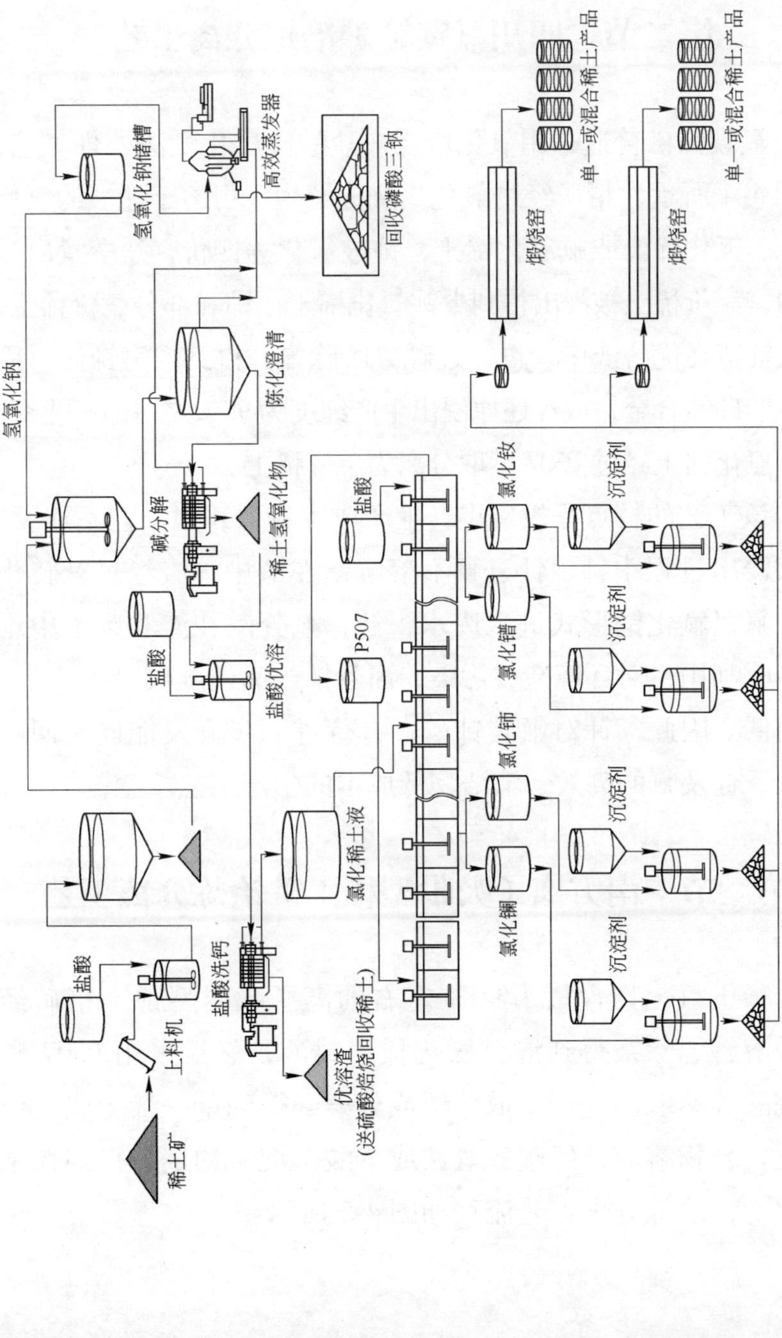

图 4-3　氢氧化钠分解工艺图

第二节 四川氟碳铈矿冶炼分离工艺

氟碳铈矿普遍采用氧化焙烧—盐酸浸出化学法处理工艺，如图4-4所示，精矿经过氧化焙烧分解生成可溶于盐酸的氧化稀土、氟化稀土或氟氧化稀土，铈被氧化为四价，盐酸浸出过程中，三价稀土被浸出得到少铈氯化稀土，铈和部分三价稀土、氟、钍留在优溶渣中，再经过碱分解除氟，得到的富铈渣可用于生产硅铁合金，或经还原浸出生产纯度为98%左右的氧化铈。少铈氯化稀土经过P507萃取分离为单一稀土。

该工艺的特点是投资小，生产成本较低，但工艺不连续，盐酸浸出过程中铈、钍、氟不溶解留在渣中，渣经过碱转化后，氟以氟化钠形式进入废水，钍、氟分散在渣和废水中难以回收利用，对环境造成污染，而且铈产品纯度仅98%左右，价值低。因此，针对氟碳铈矿，有待进一步开发能同时回收稀土、钍及氟的高效、清洁、低成本的生产工艺。

第三节 南方离子吸附型稀土矿冶炼分离工艺

稀土氧化物含量为90%左右的离子吸附型稀土精矿经盐酸溶解、除杂得到混合氯化稀土料液，然后采用P507和环烷酸等萃取剂进行萃取分组或分离，得到单一稀土或复合稀土化合物溶液，经碳酸氢铵或草酸沉淀、灼烧，得到稀土氧化物，冶炼分离工艺流程如图4-5所示。

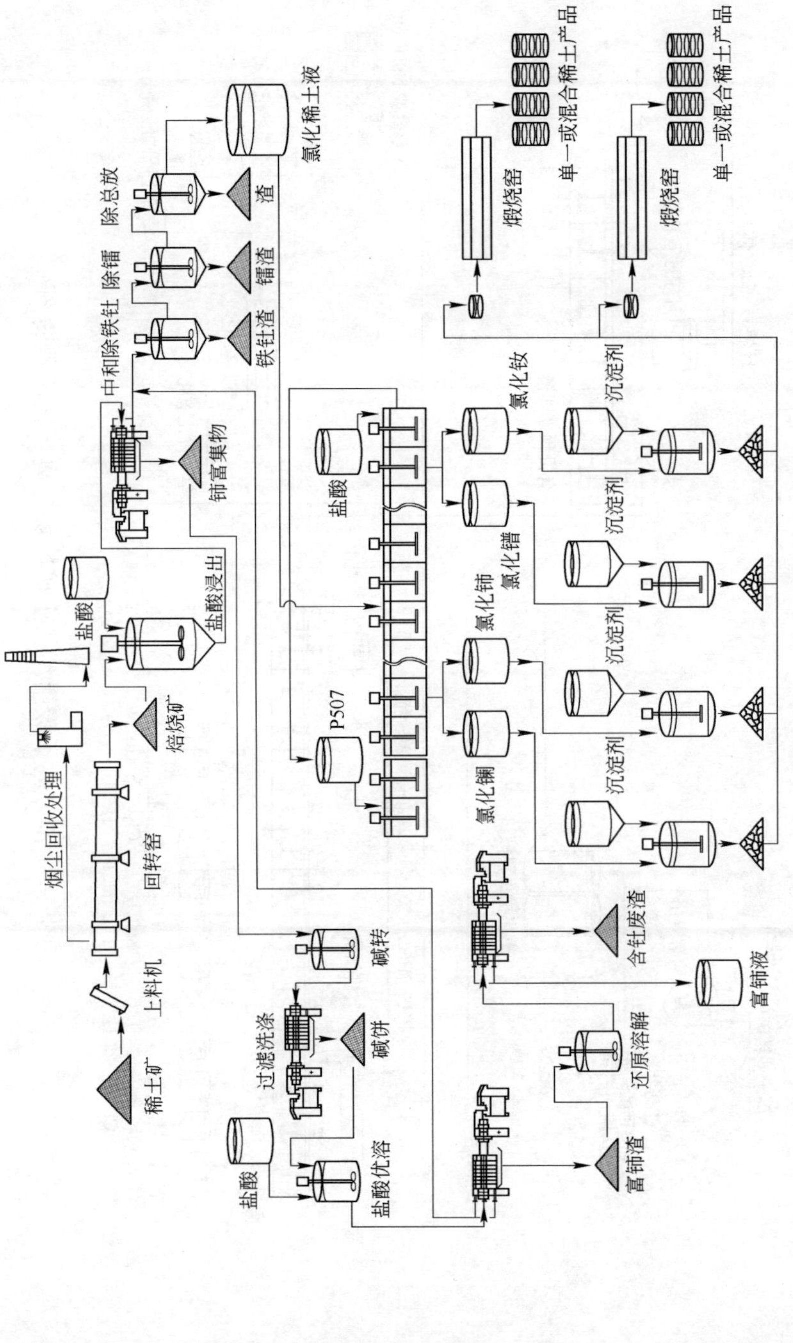

图 4-4 氧化焙烧—盐酸浸出法工艺流程图

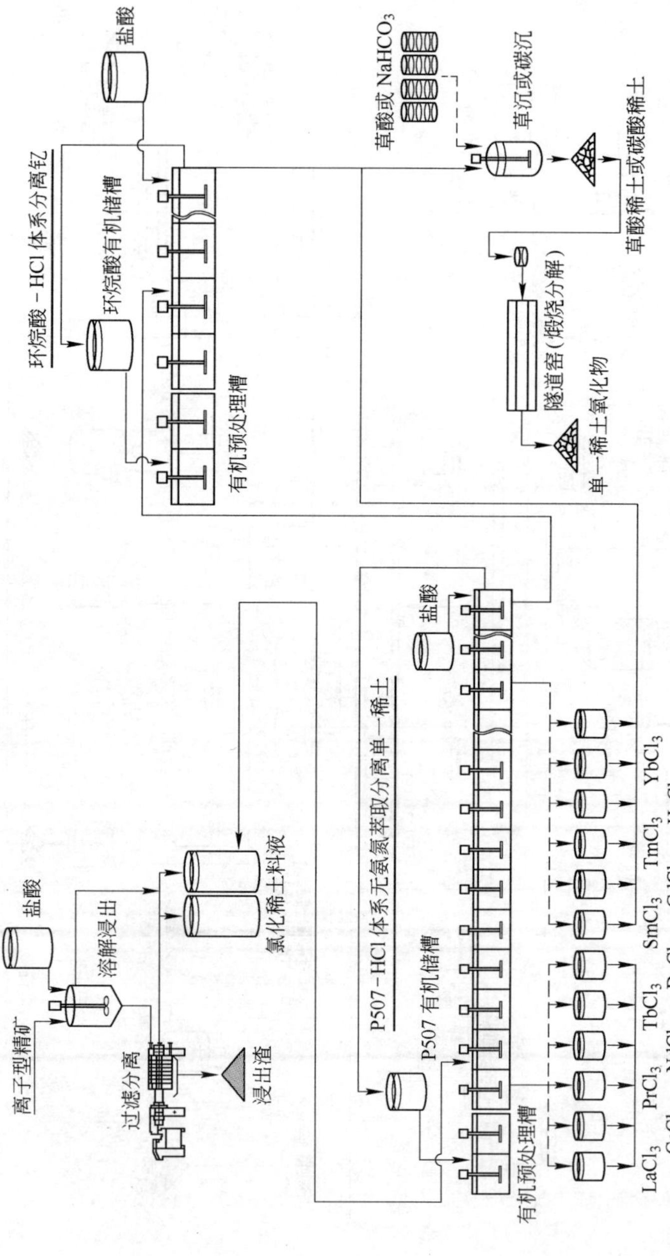

图 4-5 南方离子吸附型稀土矿冶炼分离工艺流程简图

中国南方离子吸附型稀土矿冶炼分离企业主要集中在江西、江苏、广东等地。由于萃取分离过程中有机相采用氨水或液碱皂化,萃取分离1t稀土氧化物消耗1t多液氨或8～10t液碱(30%),大量的氨氮或钠盐进入废水,对水资源造成严重污染。目前,萃取分离和碳铵沉淀产生的氨氮废水的处理方法主要有蒸发结晶法、汽提法、折点氯化法等,但均存在能耗高、运行费用高、一次性投资大、处理效果不佳、难以达到排放标准等问题。

第四节　独居石和磷钇矿的冶炼分离

独居石和磷钇矿是稀土和钍的磷酸盐矿物，由于稀土磷酸盐化学性质非常稳定，目前广泛应用氢氧化钠分解法处理(独居石碱法分解工艺流程见图4-6)，包括氢氧化钠分解、盐酸优先溶解、磷碱液回收等。由于独居石中钍、铀含量高，放射性总比活度较高，处理过程安全防护要求高于前面三种资源，其中铀钍渣需要建立专门的防护措施进行回收或按放射性废物处置要求堆存。

第五节　稀土元素分离提纯

稀土元素化学性质相近，相邻元素分离系数小，分离提纯难度大，是化学元素周期表中为数不多的难分离元素组之一。为此，稀土科技工作者围绕着稀土元素的分离、提纯开展了大量的研究开发工作，开发了分步结晶、氧化还原、离子交换、溶剂萃取和萃取色层等分离提纯技术。

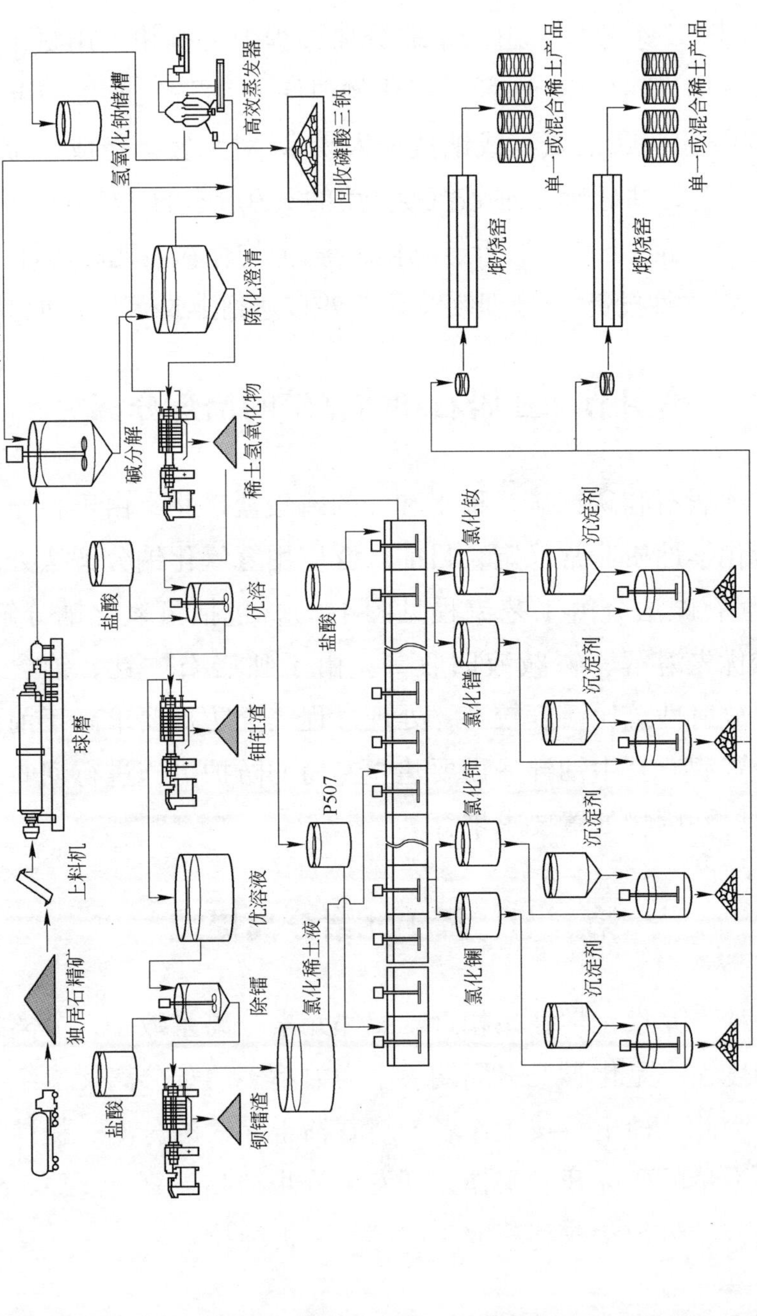

图 4-6 独居石碱法分解工艺流程图

溶剂萃取分离法具有连续、成本低、处理能力大等优势，被广泛应用于稀土元素的分离提纯。中国从20世纪50年代开始研究溶剂萃取法分离稀土元素工艺技术，取得了许多具有自主知识产权的科研成果，并广泛应用于稀土工业生产。如1966年北京有色金属研究总院与复旦大学、上海跃龙化工厂合作使用甲基二甲庚脂（P350）作为萃取剂，萃取分离生产99.99%的氧化镧，是国内稀土工业中首次采用萃取法分离稀土元素；1970年北京有色金属研究总院采用P204富集、N263二次萃取提纯得到纯度大于99.99%的氧化钇，1976年研究成功环烷酸萃取提纯钇工艺，得到99.99%～99.999%的荧光级氧化钇，1981年跃龙化工厂使用该技术建成年产10t的荧光级氧化钇生产线，并使用P507和N235萃取除杂，使产品达到日本涂料株式会社的荧光级氧化钇产品标准，成本不到离子交换法的十分之一。20世纪70年代初，中国科学院上海有机化学研究所成功地实现了规模化合成P507溶剂萃取剂，为P507萃取分离稀土元素工艺的大规模应用奠定了基础；北京大学徐光宪院士提出了稀土串级萃取理论，广泛应用于稀土萃取分离工艺研究与工业生产设计优化。20世纪80年代长春应用化学研究所、北京有色金属研究总院、九江有色金属冶炼厂、江西六〇三厂合作研究成功用P507-盐酸体系从龙南混合稀土中全分离单一稀土元素的工艺技术，现在P507萃取分离稀土元素工艺已广泛应用于稀土工业。

近十多年来，稀土的萃取分离技术又得到了大幅度改进提升，如模糊萃取分离技术、联动萃取分离技术、液碱皂化、钙皂化和非皂化萃取分离技术等，使稀土萃取分离效率、稀土纯度、稀土回收率得到进一步提高，化工原材料消耗和氨氮排放量大幅度减少。

采用溶剂萃取法分离提纯稀土，十多个稀土元素全分离需要2000级左右的混合澄清萃取槽。中国稀土萃取分离技术及装备整体水平居世界领先地位，在稀土行业得到广泛应用的混合澄清萃取槽混合室最大体积达10m^3左右。甘肃稀土公司开发的大型稀土萃取分离线如图4-7所示。

图4-7　甘肃稀土公司开发的大型稀土萃取分离线

第六节　稀土绿色冶炼分离新工艺

一、包头混合型稀土矿绿色冶炼工艺开发

近年来，国内许多研究院所、稀土企业针对包头混合型

稀土矿冶炼分离过程存在的环境污染问题，开展了绿色冶炼分离工艺的研发，取得了一些新的进展。针对稀土精矿硫酸焙烧过程产生的含硫和氟酸性废气，开发出了酸回收利用技术，高效回收硫酸和氟化合物，目前，已在包头华美、甘肃稀土公司等单位推广应用。

为了有效回收包头混合型稀土矿伴生的钍资源，包头稀土研究院、中国科学院长春应用化学研究所（简称长春应化所）等单位开发了浓硫酸低温焙烧工艺，使钍与稀土均形成可溶于水的硫酸盐被浸出到溶液中，然后采用萃取分离回收钍。但浓硫酸低温焙烧存在矿物分解率较低、焙烧矿残余酸量大、焙烧过程容易结壁、难以实现动态连续大规模工业生产等问题。长春应化所优化和发展了伯胺萃取分离钍的工艺，已基本形成了从稀土矿物中提取钍到高纯钍的分离技术，为核纯钍的制备与应用打下了良好的基础。

中国有色工程设计研究总院联合保定稀土材料厂对低温硫酸焙烧工艺进行了改进，在矿物焙烧前将精矿进行酸化并在40～150℃下熟化，提高了矿物分散性和稀土分解率，解决了焙烧过程中的结壁问题，并降低酸耗量，为包头混合型稀土精矿低温动态硫酸焙烧工艺实现工业化提出了一条新的途径。

针对包头混合型稀土精矿硫酸焙烧浸出液中稀土浓度低、中重稀土元素含量少的特点，北京有色金属研究总院、有研稀土新材料股份有限公司与甘肃稀土新材料股份有限公司（简称甘肃稀土公司）合作研发成功非皂化 P204、P507 在 H_2SO_4、HCl 混合体系中萃取分离稀土多出口工艺。2010 年以来，甘肃稀土公司与北京有色金属研究总院、北京大学、五矿稀土研究院合作将非皂化萃取分离技术与联动萃取分离技术进行有机结合，建成年产4000t硫酸体系非皂化联动萃取分离稀土生产线，从而实现包头混合型稀土矿冶炼分离过程无氨氮排放，并降低了生产成本，该项成果获得中国有色金属工业科学技术一等奖。

二、四川氟碳铈矿绿色冶炼工艺开发

针对目前氟碳铈矿冶炼分离过程存在伴生资源钍、氟浪费与环境污染问题，稀土科研工作者一直致力于氟碳铈矿绿色冶炼工艺的研发，主要思路是在氟碳铈矿焙烧过程中加入钙、铝、硅等化合物，将氟固化在渣中或将其气化脱除，避免氟进入后续工序影响稀土分离。该技术路线尚未能完全实现氟资源的有效利用，有待于进一步攻关完善。北京有色金属研究总院、长春应化所等单位重点开展了氧化焙烧—稀硫酸浸出—萃取分离工艺研发，氟碳铈矿经过氧化焙烧，硫酸浸出，使四价铈、钍、氟等均进入硫酸稀土溶液，然后采用萃取法分离稀土、氟、钍。该工艺的特点是98%以上的铈元素以四价状态存在，为铈元素和其他三价稀土分离创造了有利条件，氟以氟化铈或冰晶石方式回收利用，钍经过萃取分离获得纯钍产品。但上述工艺投资较大，生产成本偏高，且纯钍的应用市场很小，从而限制了这些新工艺的推广应用。

第二章　稀土火法冶炼

稀土火法冶炼是以稀土氧化物或稀土卤化物为原料，制

备稀土金属或金属合金的过程。稀土金属及合金的主要制备方法有熔盐电解和金属热还原等。

第一节　稀土熔盐电解

工业上，熔盐电解稀土金属或合金是利用电能加热并转换为化学能，将某些金属的盐类熔融作为电解质，在电解质中插入阳极和阴极，在电流作用下阴离子在阳极上被氧化析出气体，阳离子在阴极还原析出金属，从而获得稀土金属或稀土合金。早期稀土金属采用氯化物熔盐体系电解制备，但由于这种电解质体系下电解容易产生有毒氯气污染，同时电流效率较低已被淘汰，现在工业上普遍采用稀土氟化物与氟化锂的混合熔盐为电解质体系，以氧化物为原料电解制备稀土金属或稀土合金。主要用于制备单一稀土金属镧、铈、镨、钕，以及镨钕合金、镝铁合金、钆铁合金、稀土镁合金、稀土铝合金等。当前95%以上的稀土金属产品通过熔盐电解方法生产。

一、工艺原理

稀土氧化物加入高温熔盐中发生离解，成为稀土离子和氧离子，氧离子 O^{2-} 在电场作用下向阳极移动，在石墨阳极上获得电子发生如下反应：

$$O^{2-} - 2e = 1/2O_2$$

$$1/2O_2 + C = CO$$

$$2O^{2-} + C - 4e = CO_2\uparrow$$

$$2O^{2-} - 4e = O_2\uparrow \qquad \text{（一次化学反应）}$$

$$CO_2 + C = 2CO\uparrow$$

$$O_2 + C = CO_2\uparrow \qquad \text{（二次化学反应）}$$

稀土离子在电场作用下向阴极移动，按反应 $RE^{3+} + 3e = RE$在阴极上得到电子，析出液态金属。一些熔点较高的稀土元素如 Dy、Gd、Y，在电解所能达到的温度下不易形成液态金属，因此一般不采用该方法制备。而稀土可与其他金属元素形成合金，在共晶点或共晶点附近有较低的熔点，利用这一原理，可将高熔点稀土与其他金属元素同时在惰性阴极上电解析出形成液态合金，或者将阴极表面析出的金属与金属阴极发生合金化反应形成液态合金。

二、电解设备

目前稀土工业使用最普遍的电解槽主要有小型电解槽（4000 ~ 6000A）和万安培（10000A、15000A、20000A 和 25000A）电解槽。小型电解槽以圆形的石墨槽为炉膛，以钨棒（自耗阴极通常为铁棒）为阴极，多块石墨为阳极，环绕在阴极周围，其结构如图 4-8 所示。

万安培电解槽是近年兴起的新槽型，由小型电解槽扩大而来，但电解槽炉膛为矩形，多根阴极排布于炉膛中线位置，环绕阴极为一周阳极，结构如图 4-9 所示。这种电解槽的优点是产能大，工艺波动小，产品质量较稳定，自动化程度高（采用虹吸吸出金属），工人劳动强度低。

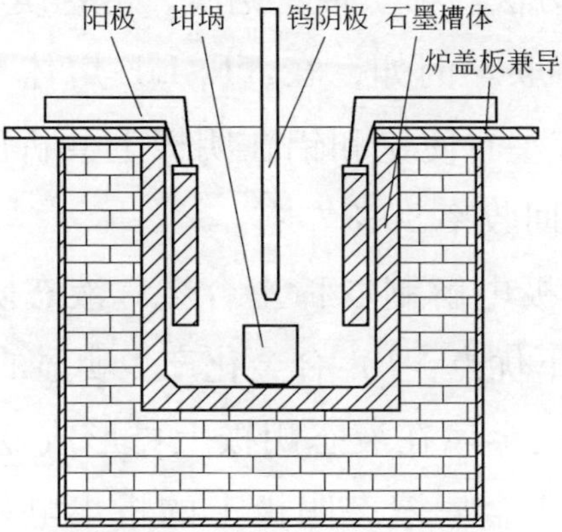

图 4-8　小型稀土熔盐电解槽

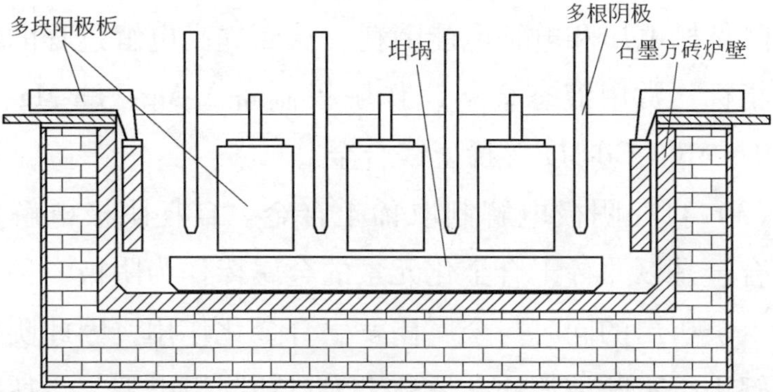

图 4-9　大型万安培稀土熔盐电解槽示意图

三、熔盐电解稀土合金

熔盐电解稀土合金主要有以下几种方法：

（1）电解共析法制取稀土合金。电解共析法制取稀土合金是指两种或两种以上的金属离子在阴极上共同析出并合金化制取合金的方法。稀土铝、钇镁、富钇镁等合金可用电解共析的方法制取。例如，在 YF_3-LiF 熔体中添加 Y_2O_3、Al_2O_3，在1005℃左右使钇和铝在阴极上共析出，电流效率约为60%，金属回收率80%左右。

（2）液态阴极电解制取稀土合金。液态阴极电解制取稀土合金具有以下优点：1）合金化产生明显的去极化作用。由于稀土与非稀土金属在液态阴极上可形成金属间化合物，导致稀土在非稀土金属液态阴极上的析出电位向正方向偏移，这是产生去极化作用的重要原因。2）由于去极化作用，稀土离子易于在阴极上析出，有利于电解过程提高电流效率，降低槽电压和电解电能消耗，从而提高电解过程的经济技术指标。常用液态金属镁作阴极制备 Y-Mg、La-Mg、Ce-Mg、Dy-Mg、Gd-Mg 等稀土镁合金。

（3）自耗阴极电解制取稀土合金。自耗阴极电解制取稀土合金是以非稀土合金化元素的金属棒作为阴极，稀土在阴极上被析出的同时与金属棒发生合金化作用，因此阴极随着电解进行不断被消耗，故称之为自耗阴极电解。自耗阴极电解制取稀土合金时，合金中各组元的比例可通过控制阴极电流密度和电解温度来调节，常见的产品有镝铁、钆铁、钬铁等。

第二节 金属热还原

采用更为活泼的金属作为还原剂，在高温下将稀土化合物还原成金属或合金的方法，通称为金属热还原法，并通常是以还原剂来命名加以细分。例如，以锂作为还原剂，称为锂热还原法；以钙作为还原剂，称为钙热还原法；以镧（铈）作为还原剂则称为镧（铈）热还原法等。对于稀土金属而言，其化合物通常为氧化物、氯化物和氟化物。

对稀土氯化物和氟化物，常用的还原剂是锂和钙。钠、镁、铝也能较好地还原氯化稀土，钠还原的还原产物熔点较高，而钠的沸点低，给还原过程带来许多困难；镁、铝易与稀土金属形成合金，得不到纯金属。

稀土氯化物、氟化物的钙、锂热还原，其显著优点是在还原过程中能生成流动性好的熔渣，它们比其他稀土卤化物或盐类更为稳定，不易分解，因而为还原过程的彻底进行和金属与渣的分离创造了良好条件。但用氯化物、氟化物进行还原，要求使用较昂贵的坩埚材料如钽、铌、钼、钨等，同时由于稀土金属的化学活性很高，其卤化物又易水解，故其热还原过程通常都要在惰性气氛或真空中进行。

稀土卤化物的金属热还原不适于制取钐、铕、镱等有明显变价特性的金属。因为用锂、钙还原这些金属的卤化物，只能得到低价卤化物，而得不到金属。为此利用它们在高温下有较高蒸气压的特性，在真空条件下用镧、铈还原它们的氧化物，以制取这些变价金属。

由此可知，工业上用于制取稀土金属的热还原法，主要是稀土氟化物的钙热还原法，稀土氯化物的锂、钙热还原法以及钐、铕、镱等氧化物的镧热、铈热还原法。

一、稀土氟化物的钙热还原法

钙热还原稀土氟化物是制取高熔点单一重稀土金属的主要方法，在生产钇、钆、铽、镝、钬、铒、镥等重稀土金属方面应用广泛。此法虽然可用于制取除钐、铕、镱以外的其他单一稀土金属，但因熔盐电解法在制取铈组轻稀土金属方面存在一定优势，故此法除用来制取少量高纯镨、钕金属外对轻稀土并不常用。

稀土氟化物的钙热还原反应如下：

$$2REF_3 + 3Ca \longrightarrow 2RE + 3CaF_2$$

还原反应在1400～1750℃下进行，因稀土金属的不同而异。为保证氟化物还原比较彻底，还原剂的用量一般应大于理论需要量的10%～20%。中频感应炉是常用的还原设备，坩埚材料为钽、钨、铌、钼。

二、稀土氯化物的锂热还原法

氯化物锂（钙）热还原法主要用于生产单一重稀土金属、钇和高纯镨、钕。实践表明，用此法制得的稀土金属的质量比氟化物的钙热还原法更好。国外曾用高纯钾还原精制的无水氯化钇，获得核纯金属钇。因此虽然稀土氯化物的锂热还原法的成本较高，其应用受到一定限制，但仍受到稀土冶金界的关注。

根据锂热还原反应的吉布斯自由能变化，锂在低温下（呈液态）便可与呈固态的稀土氯化物相互作用，其反应为：

$$RECl_3 + 3Li \longrightarrow RE + 3LiCl$$

还原过程的温度通常在800～1000℃范围内。主要设备为电阻加热的还原炉，因此便于设备的大型化。

钠、钾等碱金属也可以将稀土氯化物还原为稀土金属。但是由于钠和钾的沸点低，将使还原过程变得复杂，导致金属回收率大幅度降低（比锂热还原法低约10%）。

三、稀土氧化物的镧热、铈热还原法

前已述及，钐、铕、镱等稀土金属能生成稳定的二价卤化物，用钙、锂还原其卤化物的方法很难得到金属，在工业上通常采用镧（铈）热还原法生产。此法实质是在真空条件下，利用蒸气压低的稀土金属镧、铈或铈组混合稀土金属来还原这些金属的氧化物；还原出的金属具有较高的蒸气压，因而被蒸发出来冷凝到收集器内。应用镧、铈热还原法制取铥、镝、钬、铒等金属也获得不同程度的成功，但因这些金属的蒸发性能普遍较差，还原及蒸馏过程的温度要求很高，金属产率和纯度低，故大多无实际意义。

由于镨、钕金属的蒸气压很低，而其还原金属氧化物的能力颇强，因此除镧、铈以外，镨、钕也可以作为钐、铕、镱等氧化物还原剂。工业上最成熟的是镧热还原氧化钐制取金属钐。

四、金属热还原法制取稀土合金

金属热还原也可用于直接制取某些具有实用价值的稀土

合金，如钐钴和钕铁硼永磁合金、稀土硅铁合金和稀土铝合金等。此种方法比常规的混熔法更为经济合理，故近年来得到很大发展。

钙还原扩散法制取钐钴永磁合金，在金属钴存在下，用钙或氢化钙还原氧化钐以制取钐钴合金，此法的实质是在与金属钐有较大亲和力的金属钴存在下，进行氧化钐的钙热还原反应，其特征是还原产生固态钐钴合金粉末。

此外，还可以用硅热还原法制取稀土硅铁合金，硅热还原法或碳化钙-硅热还原法制取稀土硅铁钙合金和钇基重稀土硅铁合金，铝热还原法制取稀土铝合金等。

第三节　稀土金属提纯技术

采用熔盐电解和金属热还原方法生产的稀土金属，由于原料带来的杂质、设备及操作、环境气氛等因素的影响，制得的稀土金属中杂质含量较高。随着高新技术的发展，诸多新型稀土功能材料对稀土金属的纯度提出了更高的要求，另外稀土本征性质的研究及检测需要更高纯度的稀土金属。因此，稀土金属的高纯化已经成为当前稀土金属研究开发的重要课题。

目前，稀土金属的提纯方法主要有以下几种：偏析法、区域熔炼法、高真空熔炼法、真空蒸馏法、固态电迁移法、悬浮区域熔炼-电迁移联合法、稀土单晶、电解精炼法等。其中前七种方法是物理提纯方法，最后一种是化学提纯方法。

一、偏析法

偏析法是利用固相-液相间杂质的再分配（偏析）的提纯方法。主体金属中杂质的分配系数（定义为杂质在固相与液相中含量的比值）小于1的情况下，凝固时杂质由固相排出到液相中，即向液相一侧浓缩，凝固部分的杂质浓度降低，特别是当杂质的分配系数远小于1时，杂质更容易分离，由此达到主体金属的高纯化。但是，当杂质的分配系数等于或大于1时，主体金属中的杂质很难分离，这样的杂质需要采用其他的提纯方法予以去除。

二、区域熔炼法

区域熔炼法与偏析法的原理相同，也是利用固相-液相间杂质再分配的提纯方法。该方法是在一个被熔炼提纯的料棒上造成一个或几个熔区，熔区沿料棒长度方向上做多次定向移动，使料棒上的杂质重新分布，达到集中杂质而提纯金属的目的。

形成熔区的加热源采用环形电阻加热、高频感应加热或电子束加热等。此外，区域熔炼时，高真空或者充入保护性气体，可进一步提高精炼效果。

三、高真空熔炼法

高真空熔炼法是利用主体金属与杂质蒸气压压差提纯的方法，去除具有高蒸气压的金属、非金属及气体杂质，从而达到提纯金属的作用。

采用金属热还原法或电解法制得的稀土金属中含有氟化物、氯化物、锂、钙、镁等易挥发杂质。在某一温度下将金属在真空中熔炼，使这些蒸气压较高的杂质在蒸馏过程中去除，可以使主体金属得到纯化。

四、真空蒸馏法

真空蒸馏法与高真空熔炼法正好相反，在主体金属蒸气压高的情况下，在高真空中熔炼蒸发主体金属，冷凝堆积在低温处，使稀土金属与杂质分离制备高纯金属。而蒸气压较低的杂质残存在残渣中，在排气中或更低温度处冷凝分离出蒸气压比主体金属高的杂质。

蒸馏可以采用升华或蒸发形式来完成，采用哪种工艺取决于被提纯金属的蒸气压与熔点的关系。如果金属在低于其熔点下的蒸气压较高，例如钐、铕、镱等，能够得到足够大的蒸馏速度，就可以采用升华提纯；如果把稀土金属加热到其熔点以上才能使金属的蒸气压达到较高的数值，例如镝、铒等，获得较高的蒸馏速度，则应采用蒸发提纯。

五、固态电迁移

固态电迁移法，也称固态电传输法或固态电解法，是一种应用溶解在固体中的原子在直流电场的作用下能够有顺序地迁移（特别是在金属熔点附近具有较高的迁移率）的原理提纯金属的方法。

当高强度直流电通过固态合金或金属时，其中杂质组分原子发生相对的电迁移，金属中出现杂质浓度的再分配。电迁移已成功应用于去除稀土金属中的氧、碳、氮、氢等杂质和部分金属杂质。该种方法的不足之处在于提纯周期长、产率低、能耗大，目前仅在某些研究领域中用于制取少量超高纯稀土金属。

六、悬浮区域熔炼—电迁移联合法

悬浮区域熔炼—电迁移联合法是在同一个稀土金属料棒上同时进行区域熔炼和电迁移的提纯方法。区域熔炼可去除稀土金属中的金属杂质，而电迁移可显著去除金属中的氧、氮、碳等气体杂质，并且在熔区内氧、氮、碳等小原子具有更快的迁移速度，将两种方法联合使用，可以更加有效地去除稀土金属中几乎所有杂质。悬浮区域熔炼和电迁移提纯在料棒上同时进行，可提高提纯效率，缩短提纯周期。

七、稀土单晶

制备稀土金属单晶的主要方法有电弧熔炼—退火再结晶法、区域熔炼法和直接单晶法。

电弧熔炼—退火再结晶法是将电弧熔炼的稀土金属多晶锭，加热到一定温度，保温一定时间（或给予多晶一定的形变），再进行退火，从而得到稀土金属单晶。区域熔炼法是以稀土金属多晶棒为原料，用可移动的加热线圈或电弧加热稀土棒料，然后以适当的速度缓慢移动熔区，使多晶体熔融

—凝固而成单晶的方法。直接单晶法是将金属或合金在保护气氛下加热熔化，然后用一定取向的籽晶引提熔体，按一定速度旋转提拉上升，熔体在上升过程中逐渐凝固结晶制备单晶的方法。

八、电解精炼法

熔盐电解精炼法是将金属在一定的熔盐体系中经电解除去杂质提纯金属的方法。电解精炼中，以粗质稀土金属为阳极，选定合适的电解质成分、阴极电流密度和槽电压以防止杂质元素离子在阴极上放电，使待提纯稀土金属在阴极上沉积，从而与杂质元素分离达到提纯的目的。电解精炼法提纯稀土金属的周期短，对各种稀土金属去除氧、氮、氢、硅、铁、铜、锰、铝等杂质有较明显的效果。

第五篇

稀土材料

稀土元素以其丰富的磁学、光学、电学等特性，在国民经济、国防工业中得到广泛的应用，涉及航天、航空、信息、电子、能源、交通、医疗卫生等10多个领域的40多个行业。稀土材料主要包括稀土磁性材料、稀土发光材料、稀土催化材料、稀土储氢材料等。

第一章　稀土磁性材料

稀土磁性材料是稀土材料中最为重要、产业规模最大的一个分支，对航空航天、信息通信、计算机、医疗器械、海洋工程等一大批高新技术产业的发展起着支撑和先导作用，也是风力发电、新能源汽车、节能家电等战略新兴产业发展不可或缺的关键材料。磁性材料的生产和开发应用程度是现代国家经济发展程度的标志之一，磁性材料的家庭平均使用量常被作为衡量现代国民生活的标准，因此磁性材料已成为世界各国高新技术发展中战略竞争的热点。该类材料主要包括稀土永磁、稀土超磁致伸缩、稀土磁致冷材料等。

第一节 稀土永磁材料

稀土永磁材料是由稀土金属和过渡族金属形成的合金经特定工艺加工而成的。以钕铁硼为代表的稀土铁系永磁材料是综合磁性能（能量密度）最高、应用范围最广、发展速度最快的新一代永磁材料，除应用于汽车、计算机和消费电子等传统领域外，在风力发电、新能源汽车、节能家电等新能源和环保高端市场的应用也越来越广。在可预见的未来，稀土永磁材料在传统应用领域仍将继续保持快速增长态势。同时，随着技术的进步和成本的下降，稀土永磁材料在很多新兴领域也展现出广阔的应用前景。

稀土永磁材料自问世以来已走过了三个历程。1967 年旅美奥地利物理学家 K. J. 斯奈特在量子磁学的指导下发现了第一代稀土磁体（$SmCo_5$），从而揭开了稀土永磁材料发展的新篇章；1974 年，钴含量更低、性能更高的第二代稀土永磁（Sm_2Co_{17}）问世；第三代稀土永磁材料钕铁硼（Nd-FeB）是 1983 年由日本住友特殊金属和美国通用汽车发明的，迄今为止，钕铁硼仍是综合磁性能最高的永磁材料，在磁学界被誉为“磁王”。20 世纪 90 年代至今，纳米双相复合稀土永磁、以钐铁氮（SmFeN）为代表的氮化物稀土永磁也相继出现，标志稀土永磁材料发展到了新的阶段。图 5-1 所示为各类稀土永磁材料的发展历程及趋势预测。

从制备方法来看，稀土永磁材料主要分为烧结与粘结两

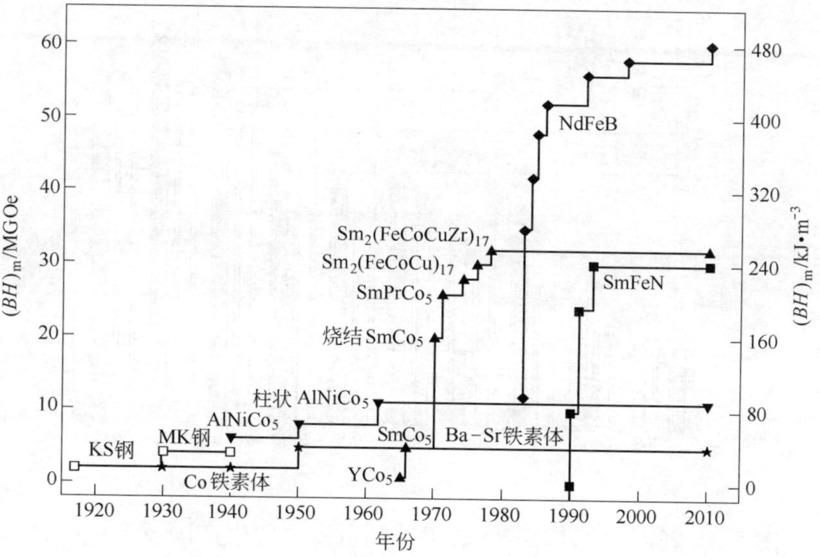

图 5-1 永磁材料的发展历程及趋势预测

种，以下以钕铁硼为例分别介绍。

一、烧结稀土永磁材料

烧结 NdFeB 自 1983 年问世以来因其具有高剩磁、高矫顽力、高磁能积等特点，在全球范围内迅速得到了推广应用，增长迅速，近十年来全球年平均增长率超过 20%，2003 ~ 2012 年烧结钕铁硼磁体主要生产国及产量统计如图 5-2 所示。

（一）国内外发展状况

2012 年全球烧结 NdFeB 产量达到了 8.5 万吨，产值超高 70 亿美元。目前，全球稀土永磁体产业主要集中在中国

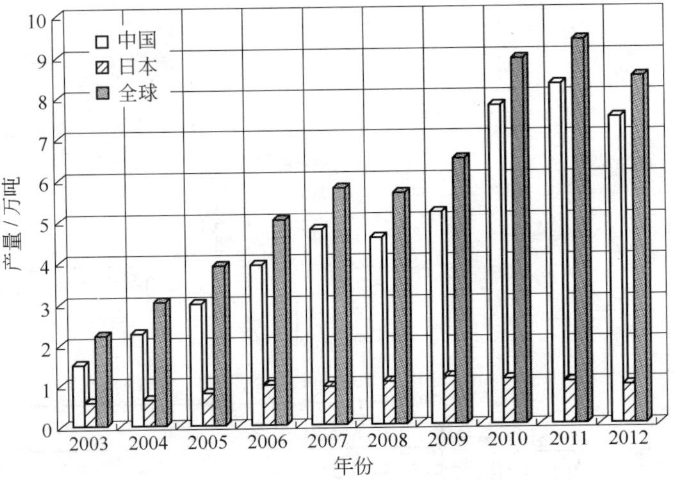

图 5-2 2003～2012 年烧结钕铁硼磁体主要生产国及产量统计

和日本。中国是稀土永磁体第一生产大国，产量占全球总产量的 80%，但大多属于中低档产品，产值仅占全球 60% 左右。而日本虽然产量仅占世界产量的 20% 左右，但产品大部分应用在音圈电机（VCM）、核磁共振（MRI）、汽车电机等高端领域，产值接近全球 40%。尤其是近几年随着混合动力汽车（HEV）、风电、变频空调等节能环保产业的高速发展，高性能、耐热稀土永磁体的市场需求快速增加。目前，日本在高矫顽力、耐高温烧结稀土永磁体方面取得了多项技术突破，日立金属、信越化学、TDK 等企业开发的“晶界渗镝技术”，已经可以开发出磁能积 + 矫顽力大于 70 的高性能钕铁硼磁体，而重金属 Dy 的用量可以节省 30% 以上；钕铁硼发明人佐川真人开发的“细晶技术”以及无压烧结技术，可以在不添加重稀土的情况下实现 15kOe 以上矫顽力。这些技术代表了当今稀土永磁材料的较高水平及发展趋势。

（二）烧结钕铁硼的制备工艺

烧结钕铁硼永磁材料主要采用粉末冶金方法制造，其工艺流程如图 5-3 所示，主要工艺为速凝铸片、制粉、成型、烧结热处理、机械加工等，涉及速凝铸片制备技术、氢破碎技术、磁场成型技术、多室连续烧结技术等。其中速凝铸片与制粉是制备烧结钕铁硼永磁粉的关键工艺。

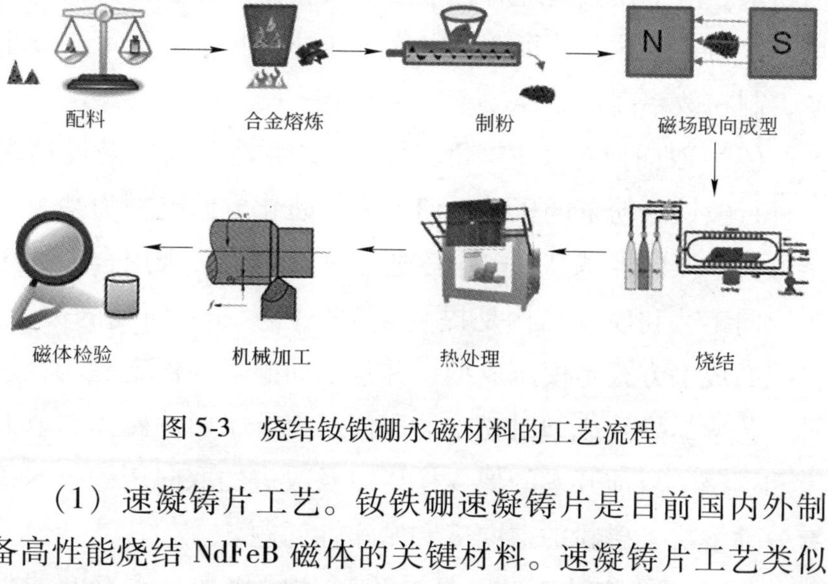

图 5-3　烧结钕铁硼永磁材料的工艺流程

（1）速凝铸片工艺。钕铁硼速凝铸片是目前国内外制备高性能烧结 NdFeB 磁体的关键材料。速凝铸片工艺类似于熔体旋淬，即将熔融的合金喷在旋转的水冷辊上，形成厚度为 0.2 ~ 0.4mm，宽度为 2 ~ 3cm 的铸片。该工艺的特点在于即使稀土含量较低时也可避免 α-Fe 的生成，这为生产高性能磁体创造了条件；富 Nd 相的弥散分布导致烧结期间液相的最佳分布，这对增加磁体密度最为有利。采用速凝铸片工艺制备母合金，相比传统的感应熔炼法可以降低稀土用量10%，从而降低制造磁体的成本。

（2）制粉工艺（氢破碎和气流磨）。氢破碎工艺利用稀土金属间化合物的吸氢特性，将钕铁硼合金置于氢气环境下，氢气沿富钕相薄层进入合金，使之膨胀爆裂而破碎，沿富钕相层处开裂，保证了主相晶粒及富钕晶界相的完整。气流磨制粉工艺利用物料自身碰撞而粉碎，物料与容器内壁碰撞力很小，容器内壁无磨损，粉料无异物污染，可制备高纯度粉末。由于在氢处理时合金沿富钕相薄层爆裂，富钕相层均匀，粉末颗粒尺寸可调，粒度分布非常集中，且可连续生产，制粉效率高。

（3）取向成型工艺。取向成型主要是在取向磁场情况下进行钕铁硼粉末的压制，使粉末的磁化方向统一为某个固定方向，取向性越高，剩余磁通密度就越大。采用合理的压制取向工艺和模具结构是提高成型坯密度和取向度的关键。传统的成型方式是模压成型，并且取向磁场为恒定磁场，这种工艺容易导致成型时粉末的取向不充分，影响磁体的取向度和剩磁。目前开发的橡皮模压以及改进的取向压缩技术等有效地解决了磁粉的取向度和密实性问题。

（4）连续烧结工艺。钕铁硼磁体的烧结是在真空或保护气氛条件下进行，温度稍低于主相熔点，通过磁体中各相的相互作用、原子的迁移，使多孔的钕铁硼生坯收缩、密实，润滑剂和氧化剂脱出，并伴随晶粒生长和合金化等。通常的烧结炉为单室结构，通过控制温度、压力调节烧结工艺，其工艺参数不精确、磁体性能不均匀。目前采用多室连续多功能烧结设备，具有准备室、预热室、烧结室、冷却室，每个工作室按工艺要求具有确定的温度和气氛条件，待烧结的坯件按工艺流程依次进入上述各室，经预定的烧结程序后出炉。采用多室连续多功能烧结设备可连续烧结，生产效率高，适于大批量生产高性能钕铁硼磁体。

二、粘结稀土永磁材料

粘结稀土永磁体是指用稀土永磁粉末和粘结剂按一定的比例混合后，用模压、注射、挤出、压延等成型方法制成的一种永磁材料。它是一种复合材料，其磁性能主要取决于所用永磁粉末的永磁性能，力学性能则取决于所用粘结剂。与烧结永磁材料相比，粘结永磁材料具有生产工艺简单、尺寸精度高，材料利用率高、易于制备复杂形状等优点，但由于所含粘结剂为非磁性，粘结磁体的性能低于用烧结方式制成的同类永磁体，且磁体耐热性较差，硬度和强度不高。粘结稀土永磁材料分为各向同性和各向异性永磁材料两种，目前规模化应用的主要为各向同性钕铁硼粘结永磁材料。

（一）国内外发展状况

由于粘结稀土永磁体的磁性能优异，而且制备工艺简单、形状自由度大、不需后加工等许多优点，尤其符合现代器件短小轻薄的市场需求和近净尺寸的研究方向，在计算机、汽车、电子信息、办公自动化等领域得到了广泛应用，粘结永磁材料是现在IT和汽车工业的重要支柱材料之一。

中国近年来粘结永磁产业发展迅速，平均年增长率超过了24%，2012年产量达到4000t，约占世界总产量的65%（见图5-4）。

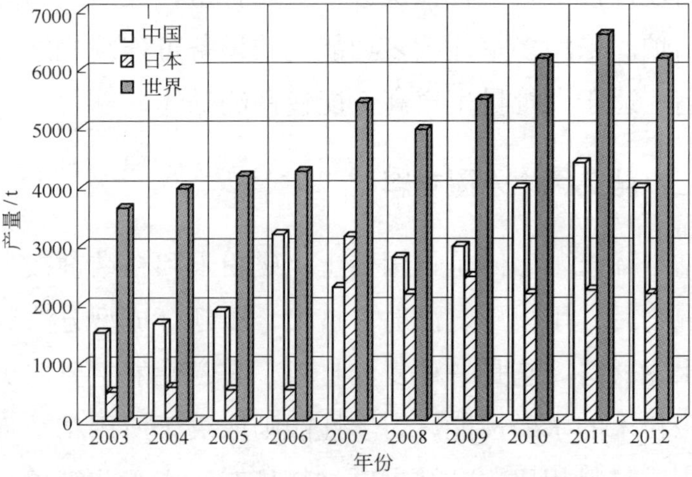

图5-4 2003~2012年中国与世界粘结钕铁硼磁体产量统计

粘结稀土永磁粉是生产粘结稀土永磁体的关键材料。然而，由于专利限制，目前国际市场上供应的粘结永磁粉几乎全部被美国麦格昆磁公司（MQI）所垄断，在很大程度上限制了粘结稀土永磁产业的发展规模。

为了突破MQI公司的粘结磁粉的专利壁垒，世界各国均进行了新型磁粉的研究与产业化摸索。日本公司在该领域发展较快，其中日本爱知制钢公司和三菱金属开发出HDDR各向异性钕铁硼磁粉，住友金属矿山通过还原扩散方法开发出各向异性的钐铁氮粉，大同电子利用急冷方法制备出钐铁氮各向同性磁粉，以及住友特殊金属开发出纳米双相磁粉等。中国北京大学杨应昌院士开发出具有原创性的钕铁氮磁粉。然而，上述粘结磁粉至今未能实现商业化大规模生产。因此，开发性能优异而且能低成本稳定批量生产的新型粘结磁粉是目前国内外粘结稀土永磁行业的研究热点。

目前粘结稀土永磁体的市场需求量仍在逐年上涨，全球的小型直流电机的使用总体上呈现稳定上升趋势，随着全球节能减排、保护环境要求的不断提高，高性能稀土粘结磁体对铁氧体的替代已是大势所趋，并将在汽车座椅电机、车窗电机、燃油泵电机等领域和空调风扇、吊扇、冰箱冷却风扇电机等家电领域得到更加广泛的应用。因此，粘结稀土永磁的市场需求在未来很长一段时间仍将保持高速增长。

（二）生产制备工艺

粘结永磁体的生产工艺主要有模压成型、注射成型、挤压成型和压延成型 4 种，各向同性磁体的工艺流程如图 5-5 所示。

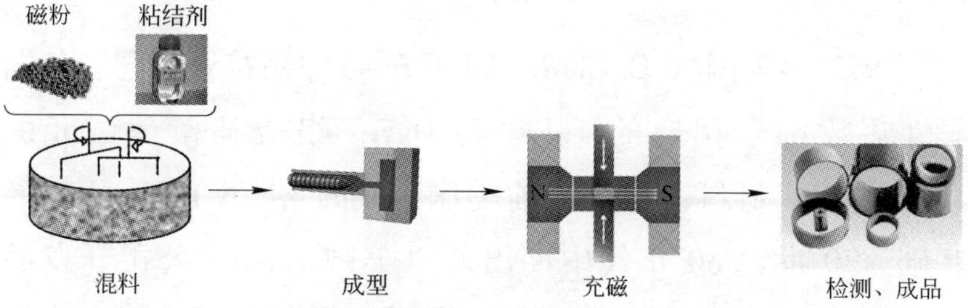

图 5-5　各向同性粘结稀土永磁体制造工艺流程

第二节　稀土超磁致伸缩材料

稀土超磁致伸缩材料（giant magnetostrictive materials,

GMM）是国外20世纪70年代开发的一种高效功能材料，主要是指以(Tb,Dy)Fe_2 化合物为基体的合金，商品名为Terfenol-D。由于这种材料的长度可随外场的交变而反复伸长和缩短，能产生机械波，因而能够实现电磁能（或电磁信息）与机械能、声能（或机械位移信息与声信息）之间的转换。因此被广泛应用于电-声换能器、电-机换能器、传感器和电子器件等方面。在同类商品中，GMM在物理作用下的变值最高、功率密度最大。此外，它还具有频率低、精度高、反应速度快、高可靠性等优点，现已被广泛应用于各种尖端技术、军事技术及民用工业中，涉及的领域有航空航天、石油化工、通信、电子、汽车、探测、智能控制等行业。稀土超磁致伸缩材料将成为21世纪最具战略性的新型智能材料之一。

一、国内外研究现状

1972年美国A. C. Clark等人用磁致伸缩符号相同、各向异性常数符号相反的$TbFe_2$和$DyFe_2$组成补偿伪二元的$Tb_{0.3}Dy_{0.7}Fe_2$材料，就是目前美国Etrema公司Terfenol-D的基础。20世纪80年代中期出现以美国Etrema公司开发的Terfenol-D和以瑞典Feredyn AB公司开发的Magmek 86为代表的产品，已在军工和民用部门得到了应用。

近年来，国外发达国家在这方面的工艺研究已基本完成，应用开发趋于成熟，开始向商品化的阶段过渡，现已开发出近千种应用器件，仅美国就申请相关专利一百多项，产业已进入一个稳定的需求增长期，潜在着几十亿至数百亿美元的巨大市场。例如：美国 Etrema 公司利用 GMM 研制的水声换能器和电声换能器已成功用于海军声呐、油井探测、海洋勘探等领域；美国航空航天局（NASA）成功将 GMM 制造的高精度伺服阀、高速开关阀应用到卫星变轨系统等。

中国从事稀土超磁致伸缩材料研发已有近 20 年的历史，在基础理论、材料制备工艺方面的研究水平与国外已相差无几，基本具备了产业化条件。国内众多科研机构也纷纷开展 GMM 产业化及相关器件的开发工作，研究方向主要集中在海军声呐、航天用高精度伺服阀、精密机械加工、平板扬声器等领域。

总体来看，目前中国磁致伸缩材料及应用器件开发大多只停留在实验室水平或只开发出了少量样品或样机，其产业化水平与美国、日本、德国等发达国家还存在明显差距。

二、稀土超磁致伸缩材料的制备方法

目前，稀土超磁致伸缩材料制备技术主要包括定向凝固方法和粉末冶金方法。

（一）定向凝固方法

定向凝固法主要有布里吉曼法（Bridgman）、丘克拉尔斯基法（Czochralski）、浮区区熔法（Float Zone，FZ）和一步法，其中工业上通常采用的是布里吉曼法和一步法。

（1）布里吉曼法。布里吉曼法是将母合金放置在石英坩埚内，然后利用感应线圈加热，使母合金区域熔化，然后以一定的速度使坩埚下降或使热源上移，从而在合金固液界面形成温度梯度，实现定向凝固。用布里吉曼法得到的材料会受到坩埚的污染，而且沿长轴方向的材料成分分布和性能均有一些波动。但该方法的优点是可制备较大直径的棒材，比较适用于商业化生产。

（2）一步法。一步法定向凝固工艺是北京有色金属研究总院稀土材料国家工程研究中心自行研制开发的一种适宜于工业化生产大直径、高性能稀土超磁致伸缩材料的新工艺。该工艺的最大特点是将熔炼、定向凝固、热处理三个关键工序结合起来在一台设备上连续完成，克服了传统工艺生产材料杂质含量高、产品尺寸自由度与一致性差等缺点，并有效地降低了稀土元素的挥发，生产效率高、成本低、利于工业化生产。

（二）粉末冶金法

粉末冶金法主要包括烧结法和粘结法。

（1）烧结法。烧结法是将一定的母合金在氩气保护下破碎成粉末，粉末颗粒尺寸应控制在 280μm 以下，真空干燥后将粉末在模具中压制成型，然后在氩气保护下，温度 1100～1200℃烧结 1～12h，再经 900～950℃退火 2～48h 制得合金产品。在烧结法中，粉末压型时的磁场取向和磁场热处理对提高材料的磁致伸缩性能具有重要作用。粉末烧结法虽然能够生产形状较复杂，尤其是尺寸较小的产品，产品尺寸自由度大，但磁致伸缩性能明显降低。图 5-6 为粉末烧结法制备超磁致伸缩材料工艺流程。

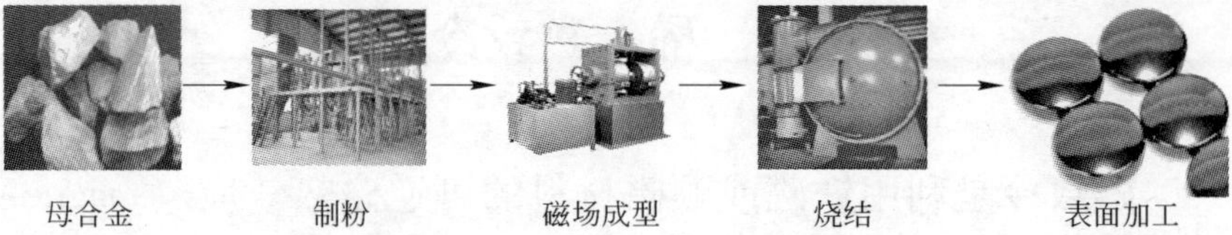

图 5-6　粉末烧结制备超磁致伸缩材料工艺流程

（2）粘结法。粘结法是将经过冶炼、研磨后的合金粉末与粘结剂（树脂、塑料等）和其他添加剂按一定比例均匀混合后用压制、挤出或注射成型等方法制成一定形状的复合材料的过程。虽然与定向凝固等方法相比，粘结法制备的磁致伸缩材料使用温度和磁性能有所降低，但它具有工艺简单、原料利用率高、尺寸精度高、无需二次加工、产品形状自由度大、机械强度高等突出优点，吸引了科技界和产业界的关注。图 5-7 为粘结稀土超磁致伸缩材料的制备工艺流程。

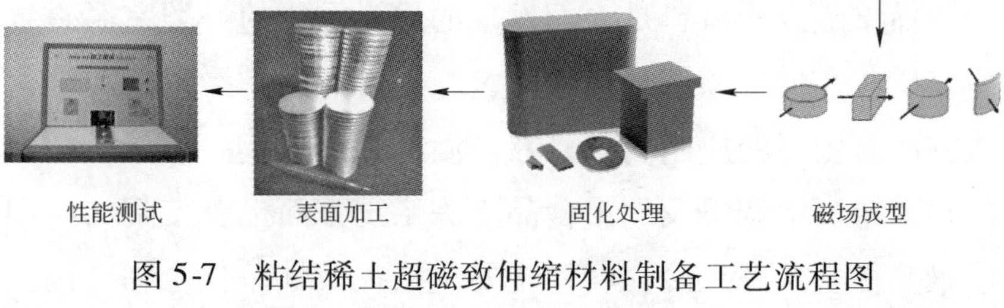

图 5-7　粘结稀土超磁致伸缩材料制备工艺流程图

第三节 稀土磁致冷材料

磁致冷是利用铁磁或顺磁材料的可逆磁热效应（magnetocaloric effect，MCE），即材料等温磁化时向外界放出热量，而绝热退磁时温度降低，从而实现制冷目的的一种绿色环保制冷技术。

由于磁致冷使用磁性物质作为制冷工质，对臭氧层无破坏作用，不产生温室效应，并且由于磁性工质的熵密度比空气大，磁制冷机的结构较之蒸汽压缩制冷机更为紧凑，不需要压缩机，因此磁致冷技术与传统气体压缩致冷相比较，具有效率高、可靠性好、噪声小、绿色环保等优点，代表了当今制冷技术研发的最高水平和发展方向。目前，美国、日本、欧洲都相继开发出基于不同制冷循环的室温磁致冷样机。中国也相继开发出了旋转式室温磁致冷样机，这些都是磁致冷技术商业化应用的技术储备。但至今为止，磁制冷技术仅在国防军工、医疗、科研等特殊的超低温领域得到应用，一直未能实现商业化推广，其主要原因是不能开发出室温下具有优良磁热效应的磁致冷工质。

稀土磁致冷材料是人们发现的最为重要的一类室温磁致冷工质，在低温领域制取液化氦、氮、特别是绿色能源液化氢方面有较好的应用前景；在高温特别是近室温领域，磁致冷在冰箱、空调以及超市食品冷冻系统方面也有广阔的应用前景。稀土系磁致冷材料，主要包括钆及钆基化合物、镧铁

硅 $La(FeSi)_{13}$ 系化合物、稀土钙钛矿型锰氧化物和 RE_2Fe_{17} 系化合物。

一、钆及钆基化合物

稀土金属钆（Gd）是研究较多的一种室温磁致冷材料，在室温附近（293K）发生顺磁/铁磁二级相变，具有比较明显的磁热效应，5T 外场变化下其最大磁熵变可以达到 9.5J/(kg·K)，最大绝热温变可以达到 12K。而且，金属 Gd 加工性良好，是目前在室温磁致冷机中应用最广泛的一种磁致冷材料，通常被作为新型室温磁致冷材料性能对比的参照物。但纯金属 Gd 作为磁致冷工质，工作磁场过高，强度和耐腐蚀性较差，很大程度上限制了其实际应用。1997 年，美国 Ames 实验室发现了钆硅锗系化合物 $Gd_5(Si_xGe_{1-x})_4$，使得磁致冷材料研发获得了突破性进展。该化合物 5T 外场变化下最大磁熵变约为金属 Gd 的 2 倍，最大绝热温变比 Gd 高 30%，而且相变温度可以根据 Si 和 Ge 的比例调节。因此，很快成为国际磁致冷材料研发的热点。但 $Gd_5(Si_xGe_{1-x})_4$ 系化合物对原料纯度要求苛刻，成本较高，且还存在易氧化等问题，很大程度上限制了其商业化推广。

二、镧铁硅 $La(FeSi)_{13}$ 系化合物

$La(FeSi)_{13}$ 系化合物是中国科学院物理研究所发现的一种具有巨磁热效应的室温磁致冷材料。其在 2T 外磁场

变化下最大磁熵变可达28J/(kg·K)，但其居里温度较低，只有200K左右。该系化合物可通过Co对Fe的微量替代，或者添加H、C等小原子，将居里温度调整到室温附近，同时保持较大的磁熵变。但该类磁致冷材料需要在高温下长时间退火来形成$NaZn_{13}$相，因此材料制备成本非常高。

三、稀土钙钛矿型锰氧化物

1996年，南京大学报道了具有磁热效应的$LaNaMnO_3$化合物，该类化合物是迄今为止发现的唯一具有巨磁热效应的氧化物。该类磁致冷材料化学性质稳定、居里温度可调，价格便宜，具有较大的磁热效应，其在1.5T外加磁场变化下，类钙钛矿型锰氧化物的最大磁熵变约为稀土金属Gd的1.5～2倍。但该类化合物致命的弱点就是居里温度偏低，若将其居里温度调高到334K，最大磁熵变将急剧下降到金属Gd的1/2，因此不能用作室温磁致材料。

四、RE_2Fe_{17}系化合物

RE_2Fe_{17}系金属间化合物（RE = Gd、Tb、Dy、Er）的磁热效应较低，最大磁熵变和最大绝热温变都低于金属Gd，但该类化合物最大优点是居里温度都在近室温区间（220～485K），可以采用元素替代的方法来改变体系的居里温度和磁热效应，而且，由于该类化合物铁含量较高，成本仅为金属Gd的1/3左右。

第二章　稀土发光材料

第一节　概　述

稀土发光是基于稀土离子的4*f*电子在*f*-*f*组态之内或*f*-*d*组态之间的跃迁而产生的光辐射。因激发方式不同，发光可区分为光致发光、阴极射线发光、电致发光、X射线发光等。稀土发光材料吸收能力强，转换效率高，可发射从紫外到红外光的光谱，特别在可见光区有很强的发射能力。稀土发光材料已广泛应用于节能照明、信息显示、光电探测等领域，促进了节能环保、信息产业、医疗卫生、国防军工、科学研究等的发展，丰富和美化了人民的生活，并正在为中国的产业结构调整和战略性新兴产业的发展发挥着重要作用。

一、国内外发展状况

照明及显示是稀土发光材料的两大重要应用领域。随着照明及显示器件的更新换代，与其配套的稀土发光材料也发生着日新月异的变化。在照明领域内，随着国内外对白炽灯取缔政策的实施，以及节能灯市场的逐渐萎缩，绿色节能的白光发光二极管（light emitting diodes，LED）器件已成为照明领域发展的新方向，因此业界研究热点已转移到开发新型高效白光LED用发光材料。在显示领域内，随着平板显示和数字高清技术的快速发展，液晶显示（liquid crystal display，LCD）及等离子体显示（plasma display panel，PDP）等平板电视正快速取代传统的阴极射线显示（cathode ray tube，CRT）电视成为市场上的主流产品。近年来，国内外涌现出大量新型高效的冷阴极荧光灯管（cold cathode fluorescent lamp，CCFL）和LED背光源以及三维立体（three dimension，3D）显示用发光材料。此外，探测方面的医学X射线影像探测、X射线增感屏等，安全消防方面的指示牌、国防军工方面的红外探测、雷达、夜视仪等使用大量的发光材料也进行着产品的更新。

节能绿色照明以及信息显示是当前国内外的重点发展方向，发光材料的性能直接影响着这些领域应用器件或材料的性能指标。

二、稀土发光材料制备工艺

众所周知，材料的性能与其加工方式密切相关。荧光粉的合成方法在决定其微结构、发光特性等方面发挥了重要作用。目前因为工艺简单以及适合大规模生产，高温固相法成为制备氧化物、复合氧化物、（氧）氮化物和氟化物荧光粉应用最广泛的方法，其工艺流程图如图5-8所示。在制备过程中，由于高温固相法是由不同原料的原子扩散控制，因此荧光粉原料必须混合均匀。某些特殊的激活离子，常需要保护气氛来控制激活剂的化合价及其在基质晶格的化学计量比。一些难以晶化的荧光粉，制备工艺中还需要提供高温高压的反应环境。

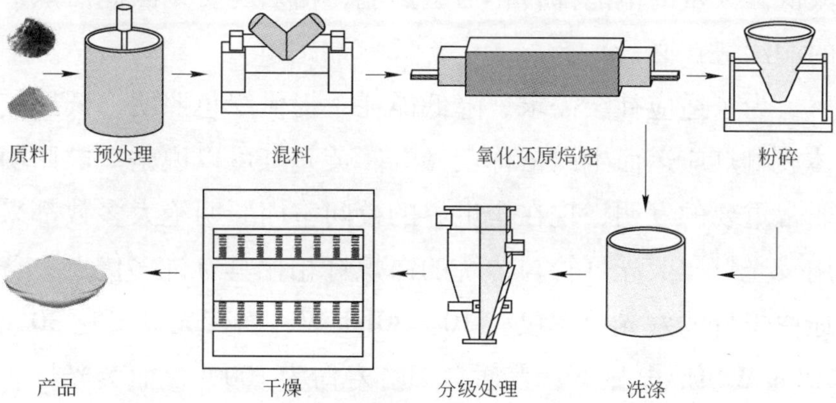

图 5-8　荧光粉制备工艺流程

针对高温固相反应制备的荧光粉的粒度较大、形貌较差等不足，业界开发出热液合成、化学共沉淀、溶胶-凝胶和燃烧合成等软化学制备工艺，制备出众多分散性良好的超微甚至纳米级的微晶产物。

第二节　照明用稀土发光材料

1879 年 10 月 21 日，在美国新泽西州的一间实验室里，爱迪生把很细的碳化纤维丝封在一个玻璃泡里，利用真空泵把玻璃泡里的空气抽走，再稳定地供给电压，使灯丝变成一个很稳定的明亮光源，电力照明的时代从此降临。爱迪生所发明的白炽灯，成为了第一代电光源，在人类发展史上占有极其重要的地位。然而，白炽灯泡若要作为大型房间或大范围空间照明器材，还无法满足人类的需求，且其光电转换率太低，大量的电能都转化为了热能，白白耗费，因此白炽灯的淘汰势在必行。

为了适应社会需求，降低能耗，提供绿色照明，低压气体放电灯应运而生，俗称荧光灯。荧光灯可以说是室内照明非常重要的发明，现在全世界的夜间室内照明绝大多数都采用荧光灯。荧光灯管与传统的白炽灯相比具有许多优点：普通白炽灯的发光效率仅有 10～20lm/W，而荧光灯可达 30～70lm/W，节电显著；普通白炽灯寿命为 1000h，而荧光灯可达 1500～5000h；同时荧光灯还具有光照面积大，可调光色范围广等优点，满足了人类绝大多数场合的需求。但灯管中含有汞，在灯管废弃后存在着潜在的环境污染问题。

20 世纪后期，半导体发光二极管（LED）给未来照明带来曙光。1996 年，日本日亚化学公司在 GaN 蓝光发光二极管的基础上，开发出以蓝光 LED 激发钇铝石榴石荧光粉而产生黄色荧光，所产生的黄色荧光与剩余的蓝光混合产生白光（蓝光 LED 配合 YAG 荧光粉）。白光 LED 目前正在进入普通照明市场。

光源发展过程如图 5-9 所示。

一、稀土三基色荧光粉

荧光灯分为两类：传统荧光灯和节能荧光灯（见图 5-10），其发光原理都是一样的，即低气压的汞蒸气在放电过程中发射紫外线，从而激发荧光粉发出可见光。不同的是

图 5-9　光源发展过程

传统荧光灯采用的是非稀土的卤磷酸钙荧光粉，而节能荧光灯采用的是稀土三基色荧光粉。

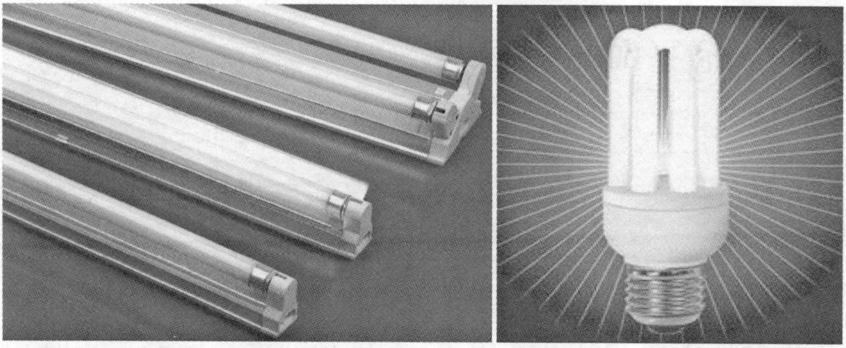

(a)　(b)

图 5-10　传统荧光灯（a）与节能荧光灯（b）

1974 年，荷兰飞利浦公司先后研制成功红、绿、蓝三基色稀土荧光粉 $Y_2O_3:Eu^{3+}$（红）、$MgAl_{11}O_9:Ce^{3+}$，Tb^{3+}

（绿）和 $BaMg_2Al_{16}O_{27}:Eu^{2+}$（蓝），并将其按一定比例混合成三基色荧光粉用于荧光灯中。用稀土三基色荧光粉制备的荧光灯发光效率高（80lm/W 以上）、寿命长（5000h 以上），综合性能满足室内照明要求，并大幅度节省了电能，这就是高效节能荧光灯的由来。随着目前技术的发展，除了红粉仍然为 $Y_2O_3:Eu^{2+}$ 之外，绿粉和蓝粉都有了较大的发展，如 20 世纪 80 年代，研制出了 $BaMgAl_{10}O_{17}:Eu^{2+}$ 蓝粉以及 $LaPO_4:Ce^{3+}$，Tb^{3+} 绿粉，在性能改善方面，开展了系列较有成效的工作。节能荧光灯不仅光效高、寿命长，而且光色性能好，传统荧光灯的显色指数只有 50～60，而节能荧光灯的显色指数可达 80 以上。稀土三基色荧光粉的出现满足了人们对于高质量白光照明的要求，为照明节能作出了巨大贡献。

二、白光 LED 荧光粉

日亚化学公司率先在蓝色 GaN LED 芯片上取得技术突破，并很快实现产业化。1996 年又研制出白光 LED，1998 年推上市场，引起了极大关注。与传统照明光源相比，白光 LED 具有更高的光效（目前实验室已达到 300lm/W，产业化的产品达到 140lm/W 以上）、更长的寿命（数万小时），且具有响应快、无污染、小型化等优点。因其诸多的优点，白光 LED 显示出巨大的照明市场前景和显著节能效果，受到国内外的高度重视。

白光 LED 合成白光的方式主要有三种：红绿蓝三芯片

组合、紫外芯片与红绿蓝三基色荧光粉、蓝光芯片加黄色荧光粉（LED 三基色荧光粉及 LED 照明和显示应用如图 5-11 和图 5-12 所示）。最后一种方式是目前应用最广的、也是实现方式最简单易行的，其原理是蓝光芯片所发出的蓝光一部分激发涂覆于芯片之上的黄色荧光粉层发出黄光，然后与剩余蓝光复合生成白光。目前商业用的黄色荧光粉主要是石榴

图 5-11 白光发光二极管（LED）荧光粉、光源组件和显示效果

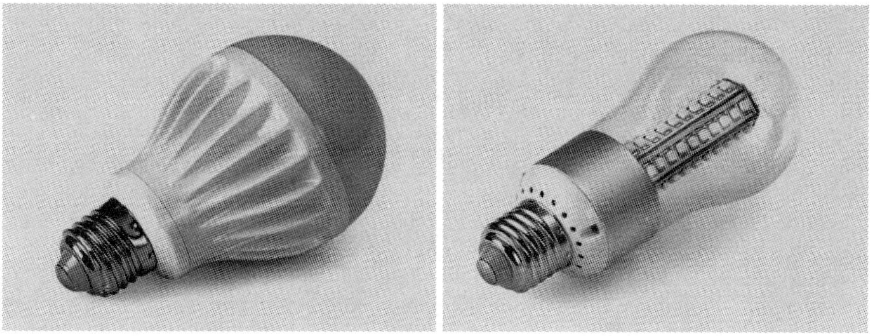

图 5-12 不同形状的 LED 球泡灯

石结构的 YAG:Ce^{3+}。图 5-13 和图 5-14 所示为汽车灯用 LED 器件及室内 LED 照明效果示意图。这种方式虽然最简便，但也存在显色性较差等问题，难以满足低色温暖白光照明的需要。此外，利用该方式所产生白光作为液晶背光源时，显色效果不理想。而采用蓝光芯片 + 黄粉和红粉制作的白光 LED 器件可大幅度提高显色性能，加入绿色荧光粉可得到更适合人类视觉的白光。

图 5-13 白光 LED 汽车灯及功率型 LED 器件

图 5-14 LED 应用于室内照明图

当前，已商业应用的以及在研的红色荧光粉共有数十种，为了研究方便，人们将这些荧光粉进行了适当的分类，按照基质体系分类，常见的体系主要有：碱土金属硫化物体系、氮（氧）化物体系、硅酸盐体系等。由于硫化物的稳定性较差，其在实际应用中受到了明显的限制。而氮化物荧光粉作为一类新型的红色荧光粉是近十年来才引起人们关注的。氮化物体系荧光粉能有效弥补碱土金属硫化物体系红光荧光粉物化性能不稳定、易潮解等缺陷，目前已经发展成了一类高效、稳定的红色荧光粉，使白光的显色指数达到了一个新水平。常用的氮化物红色荧光粉为 $Sr_2Si_5N_8:Eu^{3+}$ 和 $CaAlSiN_3:Eu^{2+}$。

如果要得到类似于太阳光的照明效果，绿粉就是不可或缺的颜色补充剂。从基质体系上来说，绿粉主要有铝酸盐、硅酸盐及氮氧化物等。但是绿色荧光粉虽然研发时间较长，种类也非常多，然而却没有非常成熟的商用绿粉。究其原因，铝酸盐的发光效率较低，硅酸盐的发光效率虽然较好，但是稳定性较差。氮氧化物体系的稳定性和发光效率均较好，是目前具有相当潜力的绿粉基质体系，但合成条件苛刻，难以实现稳定规模生产。

三、金属卤化物发光材料

金属卤化物灯（简称金卤灯）作为高强度气体放电灯的一种，以其光效高、显色性好、寿命长等优点，在照明领域占有一席之地，尤其是在大功率照明领域占有重要地位。其发光材料稀土卤化物在可见光区能够辐射出密集的线光谱，近似于连续光谱，具有很高的发光效率及较强的显色能力。

灯用金属卤化物发光材料一般要求其纯度在 99.9% 以上，甚至达到99.95% ~99.99%。目前市面上使用的灯用金属卤化物发光材料按成分主要分为 5 类，分别是钪钠（Sc-Na）系列、镝（Dy）灯系列、钠铊铟（Na-Tl-In）系列、彩灯系列和紫外系列，如图 5-15 所示。Sc-Na 系列发光材料用量大，工艺技术成熟，主要是稀土元素钪和碱金属的卤化物。Dy 灯系列发光材料中除碘化镝（DyI_3）外，一般还加入钬、铒、铥、碘化钠、碘化铟等元素以改善光色性能。Na-Tl-In 系列发光材料由碘化钠、碘化铊、碘化铟组成，通过黄、绿、蓝三种强光谱的叠加以得到白色光（三基色原理见图 5-16），但因没有形成连续的谱线，显色指数较低，并且光色不够稳定，应用受到一定限制。因此，目前采取加入

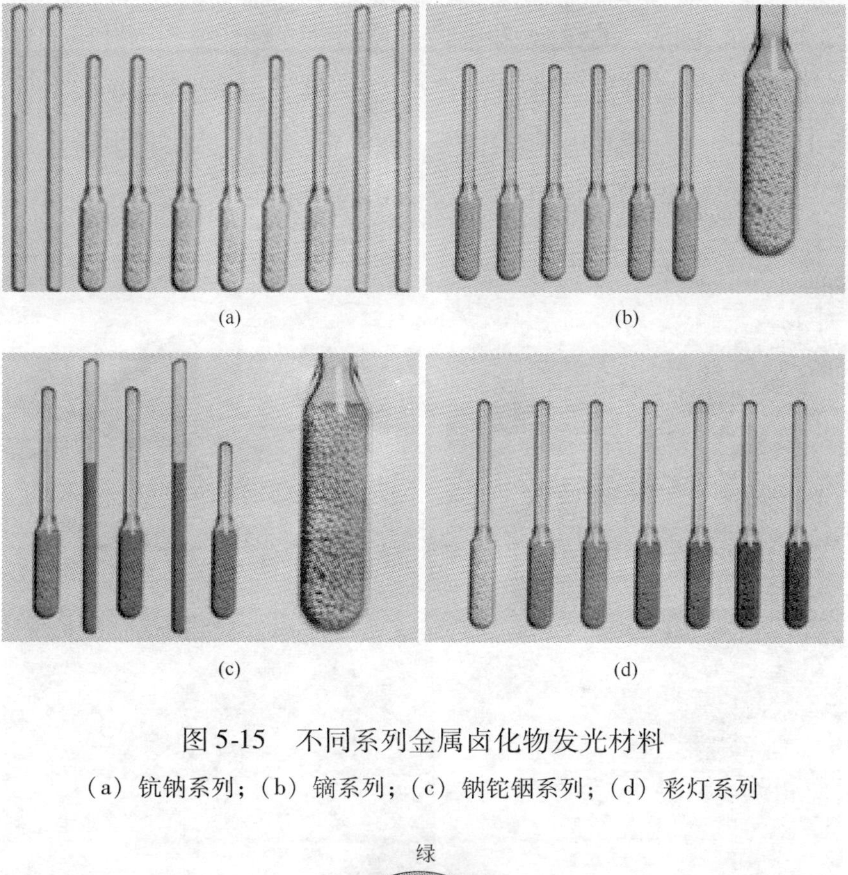

图 5-15　不同系列金属卤化物发光材料

（a）钪钠系列；（b）镝系列；（c）钠铊铟系列；（d）彩灯系列

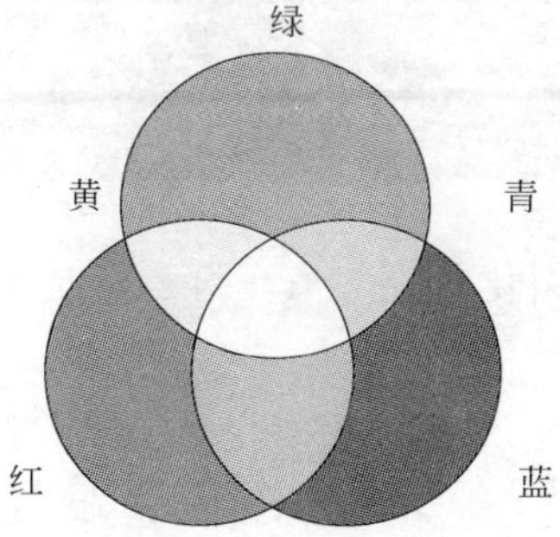

图 5-16　三基色原理

少量稀土元素来提高该系列的光学性能。彩灯系列发光材料是利用某些特定的金属卤化物，使灯泡的光色产生明显的特定色彩，金属卤化物氙气汽车灯、灯具及球场照明效果如图5-17所示。一般单用碘化铊、碘化铟、碘化镓即可制作绿灯、蓝灯和紫灯，也可用复合 NaI-LiI-InI 制作紫灯。

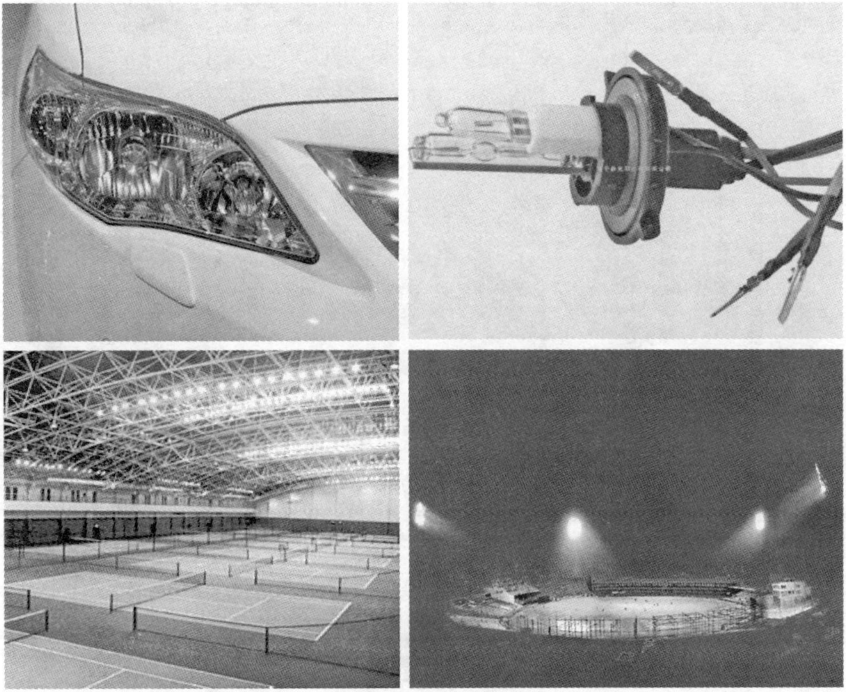

图 5-17　金属卤化物氙气汽车灯、灯具及球场照明效果

第三节　显示用稀土发光材料

信息显示技术是将图像、图形、数据和文字等各种形式

的信息作用于人的视觉而使人感知的一种技术手段，通俗的说就是平常所用的电视、电脑、手机等以屏幕为载体的传媒都属于信息显示技术，也就是所谓的显示领域。

在显示领域中，按照其发光的原理分为 CRT、FED、PDP、LCD 等，而 LCD 中背光源的种类又分为 CCFL 以及最近非常热门的 LED 等。而按照显示平面分为曲面和平面显示，其中平面（平板）显示则包括了 FED、PDP、LED 以及投影显示。无论哪种分类，其技术实现的关键是光电显示器件和发光材料。因此发光材料在其中占据了非常重要的地位，虽然看不见、使用量也非常小，但是如果没有发光材料，就无法将信号转换成我们能够看到的可见光，也就无所谓显示了，因此显示技术的发展是以发光材料的发现和发明为基础的。

一、阴极射线显示用稀土发光材料

阴极射线显示器（CRT）是一种使用阴极射线管（cathode ray tube）的显示器，主要有五部分组成：电子枪、偏转线圈、荫罩、荧光粉层及玻璃外壳，它曾是应用最广泛的显示器（图 5-18 为 CRT 显示原理及荧光粉示意图）。20 世纪初，CRT 的发明使图像的显示成为可能。其后，它一直是活动图像的主要显示手段，用于直观显示和投影显示。CRT 显像管的荧光屏是由有规律的红、绿和蓝三基色荧光粉排列组成的。其发光原理是涂在荧光屏上的荧光粉受电子束轰击，然后将电子的能量转换为光信号，进而表现出各种图像。作为最早的显示技术，CRT 用发光材料也经过了很长时间的发展。

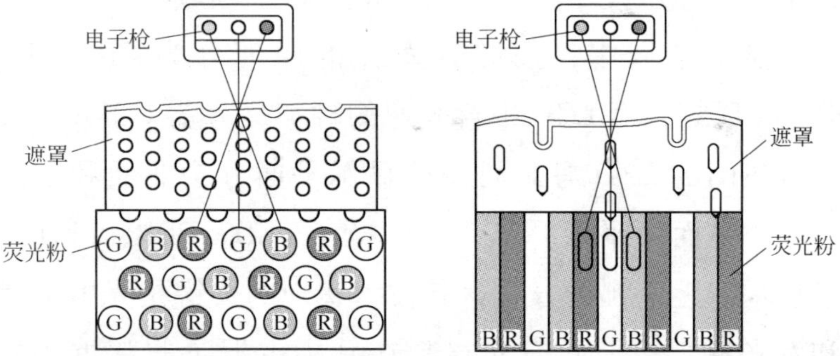

图 5-18　CRT 显示原理与荧光粉

在 20 世纪初发现了稀土离子激活的某些材料在阴极射线的辐照下能够发光，但由于当时的技术水平有限，在稀土分离、提纯方面困难较大，得不到高纯度的单一氧化物，而且生产成本高，致使 CRT 红色材料研究进展缓慢。稀土离子激活的红色荧光粉的发现突破了彩色电视红粉亮度提升的障碍，使得图像亮度提高 2 倍以上，使彩色电视机显示技术发生了一次巨大飞跃。正是由于稀土红色荧光粉的发现，20 世纪 70 年代初期彩色显像管进入了大规模生产的阶段。

CRT 显示本身不耐冲击，尤其是体积庞大、笨重。进一步扩大显示屏尺寸，基本没有太好的结构材料能够撑起这个重量，占地面积也不容小觑，同时由于其激发需要真空环境，技术要求非常高。因此随着集成电路技术的发展，这种技术已经逐渐被淘汰。

二、场发射显示用稀土发光材料

场发射显示（FED）的发光原理基本与 CRT 类似，兼具 CRT 亮度高、清晰度高、视角宽、工作温度范围大、响应速度快的优点，同时相较于同尺寸的 CRT，其质量、体积明显减小，而工作电压的降低减少了能耗。

在 FED 的工作条件下，直接套用 CRT 荧光粉产生的效果并不理想，其亮度虽然较高，但是长时间使用时亮度衰减较快，并且发光不稳定，存在闪烁现象。因此，为了获得更好的显示效果就要采用低压高效的荧光粉，并且要求其组成稳定，不能在电子束的轰击下分解产生影响电子束发射的成分。ZnO : Zn 是一种最常用的发光性能优异的低压阴极射线发光材料，但该荧光粉色纯度不高，很难找到性能相似的其他荧光材料与之匹配，不利于全彩显示的实现，限制了其应用。在硫（氧）化物荧光粉中，用于 FED 的主要是 ZnS 和 CdS，其发光亮度高，且具有一定的导电性，适用于低电压下的发光。但是，在电子束的轰击下，荧光粉的不稳定性降低了发光性能，也毒化了 FED 阴极针尖，降低 FED 的寿命。

为了获得高逼真度的显示，人们开发了硅酸盐体系荧光粉，其中应用最广泛的是硅酸锌。此外，$ZnGa_2O_4$ 是一种很好的低压荧光粉基质材料，具有很好的导电性。2007 年日本物质材料研究所（NIMS）氮化物研究小组采用高温高压制备工艺成功开发了一款应用于 FED 的蓝色氮化物荧光材料，无论是亮度、电压电流饱和度还是使用寿命，均优于市场上常用的蓝光材料，其优越的发光性能为 FED 用低压荧光粉的研究提供了另一个新方向，即新型氮化物基低压荧光粉。图 5-19 为索尼推出的 FED 电视示意图。

图 5-19　索尼推出的 FED 电视

三、等离子体显示用稀土发光材料

等离子体显示（PDP）即等离子电视或者显示器是利用稀有气体在一定电压作用下产生气体放电（形成等离子体）而发射真空紫外光并激发荧光粉实现可见光发射的一种主动发光型平板显示器件（PDP 发光原理及等离子彩电如图 5-20 所示）。PDP 显示正面向更大面积、规模化、产业化方向发展，发光材料在器件中的应用技术成为日益突出的问题。PDP 用发光材料是由红、绿、蓝三种荧光粉组成。PDP 所用的发光材料相对于放电气体必须具有很高的发光效率。另外，短的衰减时间、合适的色坐标、适中的粒度和良好的稳定性也是 PDP 用发光材料的要求。

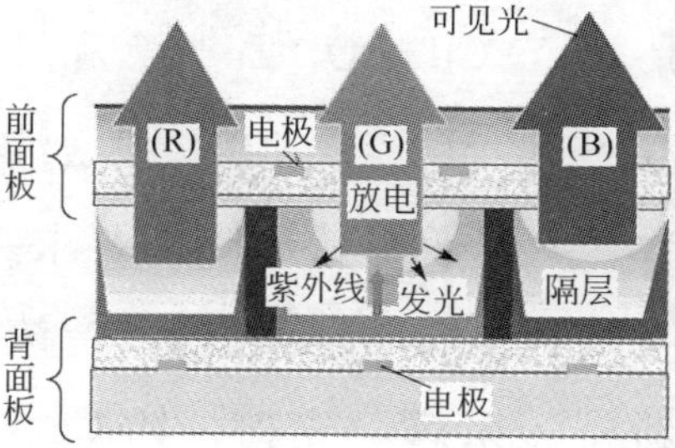

(a)

(b)

图 5-20 PDP 发光原理（a）及等离子彩电（b）

近几年来，3D 彩电开始进入人们的视野，由于具有响应快、对比度高、视角宽等优点，很有可能在今后几年呈井喷式增长。图 5-21 所示为 3D 电视显示效果示意图。PDP 在 3D 显示效果上要比液晶具有优势，因而 3D-PDP 在众多的 3D 显示技术中格外受到重视。三星早在 2008 年就发布了其

图 5-21 3D 电视显示效果

首款3D-PDP电视。在2010年的CES 2010展会上，松下展出了152寸3D-PDP电视，同时电视尺寸再次刷新世界纪录。

由于3D电视对响应速度要求更高，目前的PDP荧光粉——稀土铕激活的硼酸盐红粉（$(Y,Gd)BO_3:Eu^{3+}$）和过渡金属锰激活的硅酸盐绿粉（$Zn_2SiO_4:Mn^{2+}$）、稀土铽激活的硼酸盐绿粉（$(Y,Gd)BO_3:Tb^{3+}$）均不能满足应用要求。为了达到更好的显示效果，需要对现有PDP荧光粉进行改进，提高响应速度；或者寻求新型短余辉荧光粉，如Ce^{3+}激活系列的荧光粉，或者研究新型的基质材料，该新型材料需对真空紫外能量具有强烈吸收并有效地向激活离子进行能量传递。

四、液晶显示背光源用稀土发光材料

近年来，新型平板显示层出不穷，尤以液晶显示发展势头最为强劲。由于液晶本身不发光，背光源就成为液晶显示器件不可缺少的关键元件。其中，背光源又分为CCFL和LED。前者是传统的液晶显示背光源，而后者是最近发展的、具有发展潜力的一种新型技术。

（一）CCFL背光源用荧光粉

CCFL背光源以技术成熟、直径小、成本低、发光效率高、寿命长等诸多优点在LCD面板中得到广泛应用（见图5-22）。就CCFL背光源用荧光粉本身的技术层面来说，目前的背光源用荧光粉基本仍然沿用灯用三基色荧光粉，然而这种组合得到的液晶显示颜色还原效果欠佳。这其中的原因包括红粉红光波长较短，导致红光容易偏橘色；而绿光的颜色偏黄，无法达到纯绿光，从而影响了 LCD 的彩色显示质量。

图 5-22 CCFL 荧光粉及背光源

因此，要对抗 LED 等新型背光技术的挑战，就必须改善 CCFL 用荧光粉的色域范围，开发新型的稀土三基色荧光粉。目前开发的宽色域型（WCG 型）稀土荧光粉在色域表现力上达到了惊人的 97% NTSC，相比普通显示器的 82% NTSC，色域延伸了 15%，增强了色彩再现的能力，提供了更真实饱满的色彩，但荧光粉及显示器件的寿命受到很大影响，因此，近年来以 CCFL 作为背光源的液晶电视的比例快速下降。

（二）LED 用荧光粉

白光 LED 具有绿色、高效、色彩还原能力强等优势，作为新兴的 LCD 背光源，逐渐在液晶显示领域占有一席之地。目前，各大电视厂商及销售商纷纷推出 LED 背光源的 LCD 电视（LED 背光源液晶电视如图 5-23 所示）。从白光合成的原理来看，其白光的实现方式主要是采用荧光粉配合 LED 单芯片方式。而荧光粉作为关键材料，它的发光特性直接决定着 LED 背光源的性能。

图 5-23 新型 LED 背光源液晶电视

作为背光源的白光 LED 最初如同照明用 LED 一样，采用“蓝光 LED + 黄色荧光粉”的方式实现，其中采用的荧光粉多为石榴石型 YAG : Ce^{3+} 系列荧光粉，这种实现方式的优点在于发光效率较高，但是存在色域较差的缺点。为了实现白光 LED 背光源的宽色域显示，出现了两种改良的技术趋势。一种是在“蓝光 LED + 黄色荧光粉”的基础上，添加红色及绿色荧光粉来补足，该方式可以明显拓宽显示的色域。另一种是采取“蓝光 LED + 绿、红色荧光粉”的白光实现方式，这种方法可以拥有极宽的色域显示。

由于作为背光源用白光 LED 荧光粉要尽可能地表现出更多的色彩和逼真度，因此其要求与照明用白光 LED 荧光粉相差很大，除了高亮度、高效率等要求之外，还要求具有窄的发射峰、尽可能宽的显示色域等。目前，适用于白光

LED 背光源的荧光粉主要有硅酸盐（$(Ba, Sr)_2SiO_4:Eu^{2+}$ 绿粉）、氮化物（$Sr_2Si_5N_8:Eu^{2+}$，$CaAlSiN_3:Eu^{2+}$ 红粉）、氮氧化物（β-Sialon 绿粉），而传统的硫化物体系荧光粉由于其稳定性差已逐渐退出历史舞台。

五、其他显示技术用稀土发光材料

在显示领域还有几类重要的显示方式：有机电致发光、无机电致发光、真空荧光显示等。这些显示技术或多或少要用到荧光粉。有机电致发光则主要涉及的是稀土配合物发光材料，无机电致发光所用的发光材料主要是稀土或锰激活的硫化锌或碱土金属硫化物。真空荧光显示所用荧光粉主要是氧化锌或硫化锌系列，部分荧光粉掺杂了稀土。图 5-24 所示为采用 OLED 制备的可弯曲屏手机。

图 5-24　OLED 可弯曲屏手机

第四节　其他类稀土发光材料

除了显示和照明之外，稀土发光材料的应用范围还非常广泛，在人们不经意的地方就有它的身影，例如人民币上的荧光防伪标志、地铁站的安全指示牌、X 射线透射健康检查和机场安检时的 X 射线感光屏、验钞灯等都需要用到稀土发光材料。虽然这些产品所用的稀土发光材料很少，但所起到的作用却很大。

一、稀土长余辉发光材料

长余辉发光材料是指吸收太阳或人工光源所产生的光后发出可见光，激发停止后仍可继续发光的材料。长余辉材料由于本身并不消耗电能，且可在较暗的环境将吸收的可见光释放出来，可以起到指示照明的作用（见图 5-25），是一种绿色、环保的光源材料，广泛应用于传统的应急照明的微光显示系统和装潢美化、消防设施、道路、机场、地铁、建筑、工艺美术等众多场合。最初的长余辉发光材料以硫化物为基质，尽管该类发光涵盖了整个可见光范围，然而由于余辉时间较短，对环境影响较大，并未得到广泛应用。铝酸盐基质稀土长余辉发光材料具有余辉时间长、发光效率高、化

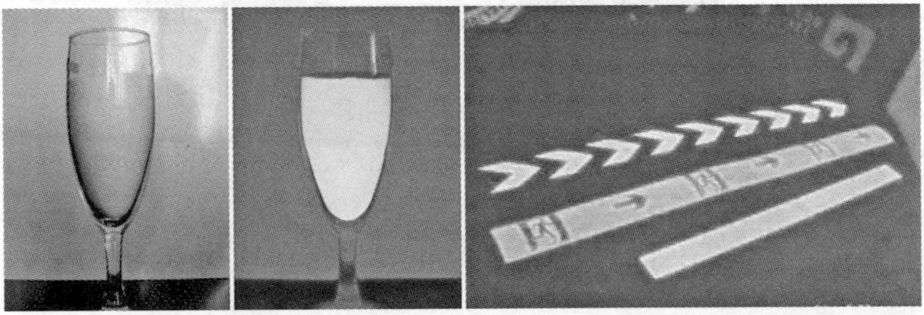

图 5-25　长余辉荧光粉及指示标志

学稳定性好、无放射性污染等优点，成为目前主要的长余辉基材。然而遗憾的是铝酸盐基质发光颜色比较单一。硅酸盐基质材料化学性质稳定，尤其是耐水性好，其在发光陶瓷方面的应用性能明显优于铝酸盐材料，但硅酸盐体系长余辉材料的发光性能仍需要进一步提升。

二、太阳能电池用荧光粉

目前硅基太阳能电池的光电转换效率理论最大值仅30%，实际转换效率约15%。太阳能电池用荧光粉主要是为了解决硅基太阳能电池的光电转换效率较低的问题，主要是在硅基太阳能电池表面增加一层上/下转换材料薄膜，将太阳能光谱中不能被传统硅太阳能电池有效利用的短波段（小于400nm）和长波段部分（大于1000nm）光转换成可以高效吸收的400～1000nm的光。但目前硅基太阳能电池发光材料的研究刚刚起步，其采用的材料均从现有荧光粉体系中遴选，对光电转换效率的提升并不理想。

三、X射线稀土发光材料

随着科技的发展，X射线在生活中应用越来越广泛，如材料分析、医学成像以及一些特殊行业。但是由于X射线不能直接被肉眼观察，因而需要一种手段将X射线转化为可见光，一般都是用X射线轰击涂覆有荧光粉的显示屏，通过显示的图像来分析X射线的变化。

要获得良好的X射线图像，荧光粉的质量是至关重要的。通常使用的是以 Ag 为激活剂、Zn 和 Cd 的硫化物的混合物为基体的材料，Cd 在材料中的作用主要是降低余辉，增加吸收。后来，又开发出了 $YPO_4:Tb^{3+}$（或 Gd^{3+}）、$Gd_2O_3:Tb^{3+}$、$Gd_2O_2S:Tb^{3+}$ 等稀土发光材料，这些材料的特点是能量效率都较高，余辉时间短，能够提高 X 射线感光屏亮度 4 ~ 5 倍，也就是大幅度降低了所用 X 射线的剂量，从而显著减少对人体的辐射剂量。

四、稀土上转换发光材料

所谓上转换发光，就是指通过吸收多个低能量光子发射出高能量光子（高于激发光的光子能量）的发光现象。图 5-26 为稀土掺杂 TiO_2 纳米晶敏化发光和上转换发光示意图。这种上转换发光材料能够把较长波长转化为短波段的光，因而在短波全固体激光器等激光器中有重要作用。自从 1966

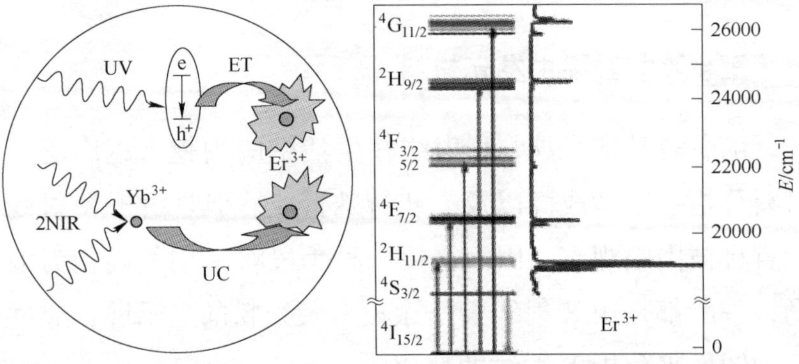

图 5-26 稀土掺杂 TiO_2 纳米晶敏化发光和上转换发光示意图

年 Auzel 发现了稀土离子掺杂的玻璃中的上转换现象以来，在短短几十年内，已经发展成覆盖整个可见光波段、材料多样、能量高的一大类新型发光材料。

上转换发光材料根据基质的组成可以分为：稀土氟化物（包括稀土和碱金属或碱土金属的复合氟化物）、稀土卤氧化物、稀土氧化物和复合氧化物。20 世纪 90 年代中期，Pr^{3+} 掺杂的重金属氟化物玻璃光纤已经实现了室温上转换连续波激光输出。

上转换发光材料可用红外光激发发出可见光，因此最近在活体成像技术、荧光探针等生物定向探测成像技术上获得了广泛应用。相对于有机染料和量子点下转换材料等其他探测材料，上转换发光材料具有较深的光穿透深度、无生物背景干扰、对生物组织几乎无损伤等优势。

五、稀土配合物发光材料

稀土金属有机化学在发光领域的应用主要包括稀土荧光配合物和稀土配合物相关的无机、有机复合材料。为了解决稀土配合物存在的稳定性与机械强度差的缺点，人们开始将有机稀土配合物掺杂于聚合物中制备含稀土元素的聚合物荧光材料，获得了一些具有特殊功能的高分子材料（稀土发光敏化机制如图 5-27 所示）。稀土配合物与基质材料复合既具有稀土离子特殊性能，又具有高分子材料质量轻、抗冲击力强和易加工成型的优良性能，具有极其广阔的应用前景。

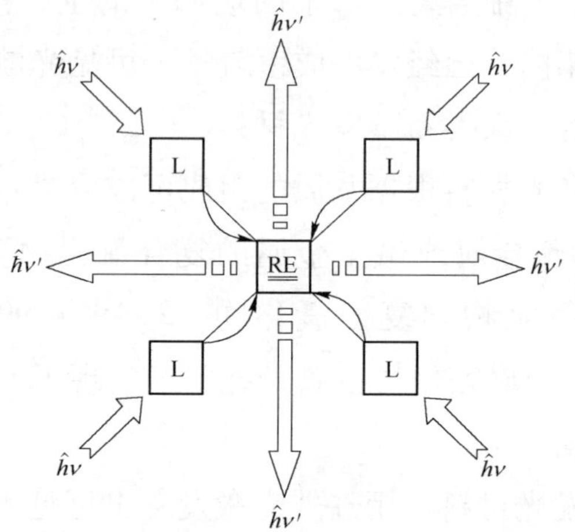

图 5-27 稀土发光敏化机制——Antenna 天线效应示意图

L—配位的吸光色团；RE—稀土离子；$\hat{h}\nu$—激发光；$\hat{h}\nu'$—发射光

第三章 稀土催化材料

稀土元素除本身具有优良的催化性能外，稀土与其他组分（如过渡金属氧化物、贵金属、分子筛等）之间可产生协同作用，起到提高催化剂的耐高温热稳定性、抗中毒性能、增加催化剂的储/放氧能力、提高催化剂活性组分的分散度、减少贵金属活性组分的用量、稳定其他金属离子的化学状态、调节分子筛的酸中心数目和酸强度分布等重要作用，已在石油化工、机动车尾气净化、有毒有害气体净化等领域得到了规模化工业应用，同时在化石燃料的催化燃烧、燃料电池（固体氧化物燃料电池）和烯烃聚合等诸多领域表现出良好的应用前景。稀土催化材料主要应用镧、铈、镨等轻稀土，是促进中国高丰度轻稀土大量应用、有效缓解并解决中国稀土消费失衡、提升能源与环境技术、促进民生、改善人类生存环境的高科技材料。

第一节　石油催化裂化催化剂

石油催化裂化（FCC）是石油加工的重要过程。从20世纪60年代初开始，以分子筛催化剂代替无定型硅铝催化剂作为裂化催化剂被誉为“炼油工业的技术革命”。稀土元素作为一个重要组分被引入到裂化催化剂后能显著提高沸石催化剂的活性、选择性和稳定性，大幅度提高原料油裂化转化率，使轻质油（汽油）收率提高4%，使催化剂寿命延长2倍，炼油成本降低20%，并使裂化装置生产能力提高30%～50%。

稀土用于Y型沸石催化剂，以镧的催化活性最强，是镧的最大应用领域。美国一直采用富镧稀土作为石油裂化催化剂，占美国稀土总消费量的40%以上。根据世界各国不同制造商要求，镧用量占所用稀土总量的60%～99%，剩余所用稀土主要是氧化铈。在中国，石油化工仍是富镧轻稀土的主要消费领域。

石油催化裂化催化剂制备过程如下：

（1）制备Na-Y型分子筛，通过浸渍过程离子交换负载稀土；

（2）过滤洗涤（产生含稀土废水、含稀土废渣）；

（3）干燥、焙烧得到稀土分子筛催化剂（此时稀土负载量约7% ~8%）；

（4）将稀土分子筛催化剂与高岭土或黏土等载体、黏结剂如氧化铝等混合均匀，挤压成型；

（5）干燥、焙烧得到石油裂解催化剂产品（此时石油催化裂化催化剂稀土平均负载量为3%）。

第二节 机动车尾气净化催化剂

机动车尾气净化催化剂是指将汽油车、柴油车、摩托车等机动车尾气中的有害废气如一氧化碳（CO）、碳氢化合物（HC）、氮氧化物（NO_x）、颗粒物（PM）等净化处理，转化成无毒无害的二氧化碳（CO_2）、水（H_2O）和氮气（N_2）的催化材料，是控制汽车尾气排放、减少大气污染的最有效手段。所用的稀土材料主要是氧化铈、氧化镧、氧化钇、氧化钕和氧化镨等，其中氧化铈是主要成分。由于铈的可变价特性（$Ce^{3+} \rightleftharpoons Ce^{4+}$），具有储放氧功能，能有效拓宽汽车尾气催化剂的空燃比，从而提高催化性能。稀土用于机动车尾气净化效果好，活性高、热稳定性好，可大幅降低贵金属用量，机动车尾气净化催化剂是高附加值、高技术含量的稀土应用产品与稀土应用市场。

汽车尾气催化净化器通常由以下部分组成：

（1）蜂窝状整体式三效催化剂，其为净化器的核心部件，用于汽车尾气的催化净化；

（2）衬垫，用于紧固三效催化剂，并起到减震防护作用；

（3）不锈钢外壳，最终制成器件（见图5-28）。

图5-28 汽车尾气催化净化器结构示意图

汽车尾气净化三效催化剂由蜂窝状载体、活性涂层和催化组分等组成（见图5-29），催化剂组分主要是贵金属铂（Pt）、钯（Pd）、铑（Rh），稀土作为稳定剂、促进剂应用于陶瓷载体和活性涂层中，其中铈锆复合氧化物广泛应用于活性涂层，通过铈的高效氧化还原耦合作用和高离子迁移特性，提高三效催化剂的催化活性，并提高 Al_2O_3 涂层材料的耐热性能。另外在汽车尾气排放控制中，氧化钇稳定氧化锆（YSZ）氧传感器使用稀土钇（Y），是稀土在汽车尾气排放方面另一应用。

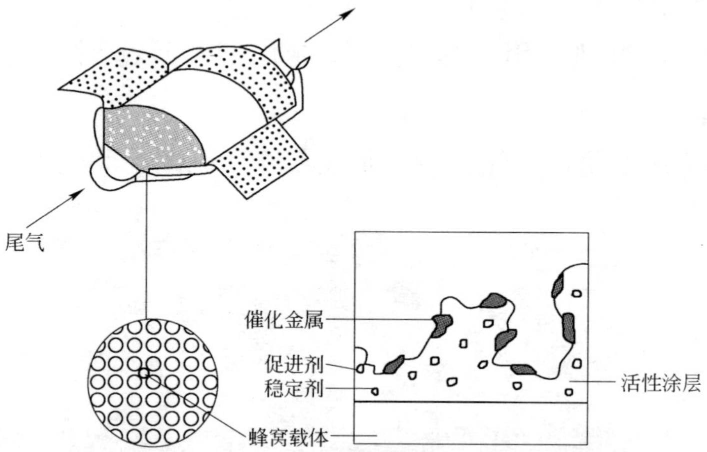

图 5-29 汽车尾气三效催化剂结构示意图

机动车尾气净化催化剂包括汽油车尾气净化催化剂、柴油车尾气净化催化剂和摩托车尾气净化催化剂等。机动车尾气净化催化剂大多是将金属催化剂和活性涂层材料负载或涂覆于整体蜂窝载体上，汽油车和柴油车催化剂载体为陶瓷蜂窝载体，而摩托车催化剂载体为 Fe-Cr-Al 金属蜂窝载体。摩托车尾气净化催化剂制备过程是在 Fe-Cr-Al 金属蜂窝载体上形成氧化铝活性层，并负载贵金属催化粒子，从而得到金属蜂窝整体式催化剂。柴油车催化净化系统比较复杂，除了氧化型催化剂外，还包括颗粒物捕集器，用于催化净化十分细小的有害颗粒物。机动车尾气催化剂的难点是解决高污染物排放的冷启动问题。

机动车尾气净化催化剂制备工艺通常包括整体载体预处理，活性涂层材料（氧化铝及铈锆）贵金属负载，活性涂层材料打浆，活性涂层涂覆，烘干，焙烧，成品检测等工序。

第三节　天然气（甲烷）燃烧催化材料

天然气（甲烷）催化燃烧是一项高效、环保、节能、运行安全的能源优质利用高新技术（图5-30为天然气催化燃烧与普通燃烧比较示意图）。与火焰燃烧相比，催化燃烧具有燃烧效率高、燃烧稳定、污染物（CO、NO_x和HC等）超低排放等优点。据有关资料介绍，利用催化燃烧技术可提高热效率64%，燃烧效率可达99.5%，节能效率达15%以上。天然气催化燃烧技术作为一种环境友好的能量获取方式，在气轮机发电、工业锅炉、民用燃具、工业红外烘干、大空间红外供暖等方面也有着巨大的发展潜力。天然气催化

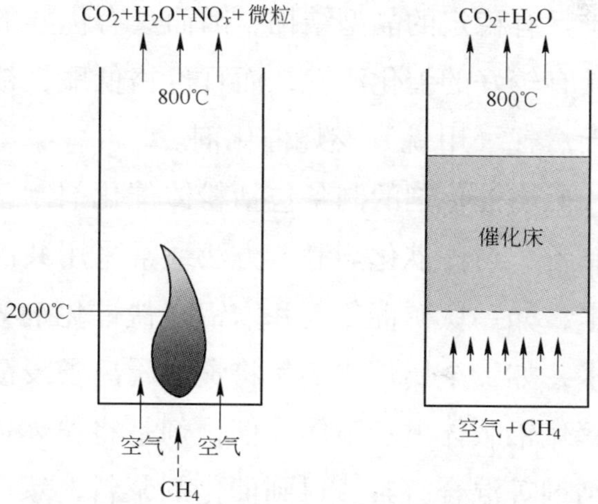

图5-30　天然气催化燃烧与普通燃烧比较示意图

燃烧技术的核心是高性能燃烧催化材料和高效、低排放催化燃烧器。而催化燃烧器的性能又很大程度上取决于所选用的催化材料。

天然气（甲烷）燃烧稀土催化材料具有价格便宜、原料易得、耐高温性能好等优势。特别是利用分子组装技术制备稀土催化材料，使稀土及其活性组分在高温下具有较好的稳定性，是催化燃烧的发展方向。其中稀土基钙钛矿、六铝酸盐等稀土复合氧化物催化材料在天然气高温催化燃烧应用方面更具有良好发展前景。目前，天然气燃烧催化剂分为两大类：一类是在低温条件下催化性能好的负载型贵金属催化剂；另一类是在高温条件下催化性能好的金属复合氧化物催化剂（如钙钛矿型氧化物和六铝酸盐等）。负载型贵金属催化剂热稳定性差，高温下易烧结、挥发，导致活性下降，加上价格昂贵，限制了其应用发展；而钙钛矿和六铝酸盐复合氧化物由于具有稳定的晶型结构，因而具有优异的高温稳定性能，并具有较好的催化活性，而且价格低廉，被认为是最有潜力的天然气（甲烷）燃烧催化剂。

天然气燃烧催化剂的制备包括粉体催化剂制备和整体式催化剂的制备。粉体催化剂制备方法通常采用共沉淀技术或微乳液技术，如钙钛矿催化剂和六铝酸盐催化剂等；也可采用浸渍技术，如贵金属催化剂是将贵金属离子浸渍负载于高比表面积氧化铝载体上。整体式催化剂是将粉体催化剂、添加剂及黏结剂等混合打浆，得到催化剂浆料，然后经过蜂窝载体上涂覆、干燥、焙烧等工序而得到。

第四节　其他稀土催化材料

一、有机废气净化催化材料

有机废气已经成为城市主要污染源之一，特别是挥发性有机废气（VOCs）排放对人体健康十分有害，如苯、甲苯、醛、氯苯、氰类等。稀土催化材料由于其良好的催化性能、独特的低温活性、良好的抗中毒能力，在有机废气治理方面已显示出越来越广阔的应用前景。

有机废气催化材料制备方法和工艺与天然气燃烧催化剂相似，也包括粉体催化剂制备和蜂窝整体式催化剂制备等。有机废气催化剂在中国也已初步取得了较好的产业化应用，中国人民解放军防化研究院研制成功的大风量、低浓度有机废气净化装置，已经在国内外40多个厂家获得应用（见图5-31）。

图5-31　有机废气催化净化装置

二、柴油清洁稀土催化材料

柴油车较汽油车，除油价低外，还可节省燃油近30%。

柴油清洁催化剂主要消除柴油车排放尾气中的颗粒物。美国、欧洲和日本柴油车排放标准对颗粒物和氮氧化物（NO_x）都进行限制，采用的技术主要是燃油添加催化剂+颗粒物过滤器（见图5-32），燃油添加催化剂可使过滤器实现在线再生。对NO_x主要采用高性能$DeNO_x$催化剂和开发高性能NO_x吸附捕获技术。

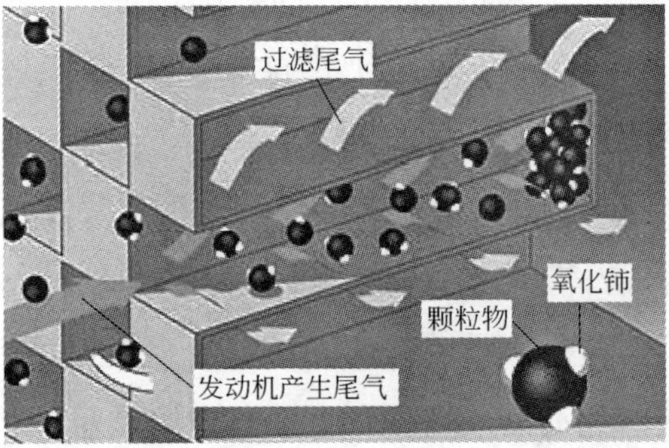

图5-32 柴油尾气颗粒物过滤器及柴油清洁催化剂

三、合成橡胶稀土催化剂

合成橡胶稀土催化剂是一种性质独特的催化剂。稀土催化剂可以将石油提炼工业中的副产品，如乙烯、丙烯、丁烯和芳香烃等迅速聚合成各种性能的橡胶，并达到同天然橡胶相同的性能。

中国在稀土催化合成橡胶方面的研究工作起步较早，不仅将稀土催化剂应用于丁二烯定向聚合，也首次公开报道了稀土催化剂定向聚合异戊二烯。稀土催化聚合的顺丁橡胶的抗疲劳寿命、动态磨耗及生热性能等均优于传统的顺丁橡胶产品。

四、固体氧化物燃料电池催化剂

固体氧化物燃料电池（SOFC）因具有发电效率高、低污染和可持续发电等特点而受到人们越来越多的关注，被誉为21世纪的绿色能源。稀土氧化物具有良好的离子和电子导电性，对改善固体氧化物燃料电池性能有着无法取代的作用。SOFC用到的稀土主要是镧、铈、钇、钪等，通过选择合适的氧化物组成，可提高电极材料的离子电导率，降低氧还原的活化能。相关固体氧化物燃料电池所用稀土催化剂主要有：阴极材料（如锶掺杂亚锰酸镧（LSM）等）和阳极材料（如Ni-YSZ金属陶瓷）。美国BloomEnergy公司已成功开发出商用的固态氧化物燃料电池发电系统，如图5-33和图5-34所示。

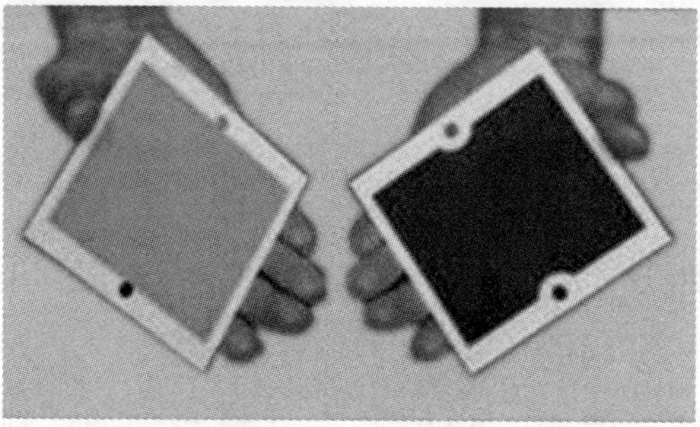

图5-33　锆陶瓷电解质及催化电极材料

图 5-34 美国 BloomEnergy 公司的 SOFC 系统

第四章 稀土能源材料

能源材料是指实现能源的转化利用以及发展新能源技术中所要用到的关键材料，是发展新能源的核心和基础。一些稀土金属及其化合物由于特殊的性能使其在新能源材料中有着十分重要的应用。本章对稀土储氢材料进行重点介绍。

第一节 氢能与储氢材料

氢是一种清洁的绿色能源，氢能的利用可以保护环境、减少污染、充分发挥能源利用率，被认为是 21 世纪的理想二次能源，其应用研究受到了广泛的关注。

利用氢作为能源，必须解决氢的储存和运输问题，传统的基于液化氢和高压气态氢的储存方法既不经济也不安全，存在较大的弊端。储氢合金是20世纪60年代末研究开发的新型功能材料，其储氢密度大，可与液氢、固氢相比拟。经过30多年的研究开发，储氢合金已广泛应用于镍氢电池等领域。

储氢材料是指在一定温度和氢气压强下能迅速吸氢，适当加温或减小氢气压强时又能放氢的材料，多为易与氢起作用的某些过渡族金属、合金或金属间化合物。由于这些金属材料具有特殊的晶体结构，使得氢原子容易进入其晶格的间隙中并与其形成金属氢化物，其储氢量可达金属本身体积的1000～1300倍。

储氢材料主要包括镁系、稀土系、钛系、锆系和铁系等。其中稀土系储氢合金是目前公认最好的一种储氢材料，具有循环性强、活化速度快、稳定性好、寿命长的特点。

第二节　稀土储氢材料

稀土储氢合金具有储氢量大、易活化、充电曲线平坦、不易中毒、吸放氢速度快等优点，因而成为一种最具应用前景的储氢材料，尤其是混合电动汽车用镍氢动力电池应用前景看好，被称做绿色电池。稀土储氢合金在氢气提纯、储存和运输，蓄热及热泵、制冷和制动器等方面的应用也在不断发展。

稀土系储氢合金以 AB_5 和 AB_3 为典型代表。1969年荷兰菲利浦公司发现典型的稀土储氢合金 $LaNi_5$，从而引发了人们对稀土系储氢材料的研究热潮，并从20世纪90年代开始在镍氢二次电池中得到广泛应用。

近年来，日本研究人员发现了$REMg_2Ni_9$三元储氢合金，使AB_3型储氢合金的研究取得了新的进展。2004年日本三洋电机公司成功开发了可提高镍氢电池放电容量和输出功率密度的A_2B_7型稀土储氢材料，采用该材料生产的Eneloop系列电池取得了很大成功。

2005年以来，中国稀土储氢材料和镍氢电池的产量超过日本，中国储氢合金产量超过全球总产量的70%，已成为稀土储氢材料的生产大国，但功率型镍氢电池用高端稀土储氢材料的产业化与日本相比还存在较大差距。国内混合动力车用功率型镍氢电池及高端小型镍氢二次电池市场基本由日本占据，高容量低自放电镍氢电池寿命还短，稀土储氢装置规模还小。虽已逐步实现稀土-镁-镍基储氢材料的小规模制备，产品性能趋于稳定，并已小批量供给日本、法国等国外厂家使用，但产品性能还需提高，且产量小，市场仍有待进一步扩展。全球范围的能源和环境危机使得二次电池在汽车领域的应用迅速扩大。随着相应二次电池产业的发展，大容量、快速充放电、高安全性的动力电池成为市场的新宠。相应地，稀土储氢合金正在向高比容量、低自放电、低成本、长寿命、快速吸放氢的方向发展。

第三节 稀土储氢材料制备方法

稀土储氢材料的制备方法主要有合金熔炼法、还原扩散法、化学合成法、物理气相沉积法和机械合金化法等。目前主要使用的是合金熔炼法。该法包括合金熔炼、均匀化处理和活化处理三个主要过程。其工艺流程如图 5-35 所示。

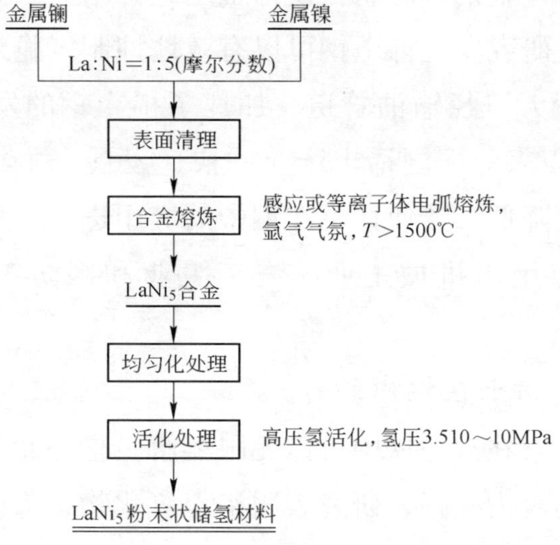

图 5-35　$LaNi_5$ 储氢材料制备工艺流程

第五章　其他稀土材料

第一节　结 构 材 料

一、稀土钢

钢铁工业是使用稀土最多的领域，稀土在钢铁中最重要的应用是作为钢中的添加剂和作为铸铁的球化剂。对钢进行稀土处理是提高钢材质量、发展新品种的有效措施。在钢中加入适量的稀土，有利于脱氧、脱硫、除去气体，减少有害元素的影响，显著提高钢的韧性、耐磨性、抗蚀性、改善钢的焊接性能和低温性能。20世纪70年代初美国就将稀土用于高强度低合金钢的炼制，使稀土用量骤增。意大利和日本的科技人员研究发现稀土钢可以有效地抑制氢脆致裂纹而大量地被用于大口径输油管道，加速了稀土钢的发展。20世纪80年代以来，中国稀土产业的快速发展，尤其是稀土价格的大幅度降低，致使稀土在钢中的应用进一步扩大。稀土钢已广泛应用于机械工业、汽车工业和国防工业等许多领域。

（一）稀土在钢中的作用

稀土元素在液态铁中可以无限溶解。稀土元素与氧、硫等元素的结合力极强，研究表明稀土氧化物、稀土硫化物等标准生成自由能远小于零，即它们反应的热力学条件非常好。事实也证明，炼钢时加入稀土，有利于脱氧、脱硫、除去气体、减少有害元素的影响，显著提高钢的质量。具体来说稀土金属在钢中的作用主要有：净化钢液、变质作用、细化晶粒、微合金化、抗氢脆致应力腐蚀等。

（二）稀土钢种类

根据钢处理目的的不同，稀土钢添加剂有单一稀土金属、混合稀土金属、含稀土的二元或多元铁合金、稀土化合物或含稀土化合物的混合物等。根据稀土处理钢的方法和手段的不同，稀土添加剂形状可以是块状、锭状、丝状、棒状、粉状或充填含稀土粉料的包芯线等多种形式。

（三）工艺

用不同的稀土钢添加剂处理钢时有不同的加入量（或残留量）。各种稀土钢添加剂添加到钢中的操作都必须在避免稀土氧化的条件下进行；添加稀土前的钢液要充分脱氧，含硫较低的钢液添加稀土后需防止二次氧化。

随各种精炼技术的发展，稀土钢添加剂将主要采用各种形状的混合金属以及适用于喷射冶金及喂线技术用包芯线的粉状稀土合金。

根据表面处理工艺的不同，在钢铁材料表面工程中使用的稀土钢添加剂有各种稀土氧化物、稀土氯化物或稀土金属及其中间合金。

二、稀土有色金属合金材料

（一）稀土硅铁合金

稀土硅铁合金是由稀土元素与其他元素（如 Si、Fe、Ca、Al、Mn 等）组成的合金，主要用于冶金机械产业作为钢铁及有色金属的添加剂及合金剂，起到脱硫、脱磷、脱氧、除气及净化作用，从而提高材质的力学性能和使用效果。中国有不同稀土含量的稀土硅铁合金产品供应，稀土含量为 20% ~45%，硅含量不低于 40%，其中最常用的是 1 号稀土硅铁合金，其成分为：RE 23% ~29%，Si < 46%，Fe < 27%，Mn < 6%，Ca < 5%，Ti < 4%，Al、Mg < 1%。在稀土总量中，Ce 47% ~53%，Pr 7%，Nd 11% ~17%，Sm 2% ~3%，国外典型的稀土硅铁合金成分

与此相近。

（二）稀土镁铁合金（稀土镁球铁）

由于稀土能强化基体组织、细化珠光体，将它引入到镁球墨铸铁中能提高其力学性能和耐磨性。在相同的原铁水成分和热处理条件下，稀土镁球铁比镁球墨铸铁具有更高的铸件强度和耐磨性。

（三）稀土镁合金

稀土镁合金泛指含稀土金属的镁合金。镁合金是用量较大的工程金属材料中密度最小的（通常为 $1.8g/cm^3$，是铝合金的2/3、钛合金的1/3、钢的1/4）。镁合金不但比强度和比刚度高，而且阻尼容量和减振性能好，因而在航空、航天等工业技术中有着广泛的应用。但镁合金的耐热、耐蚀、铸造、焊接和力学性能欠佳。在镁合金中添加适量的稀土金属后，可增加合金的流动性，降低微孔率，提高气密性，使热裂和疏松现象有显著改善，可使合金在200～300℃的高温下仍具有高的强度和抗蠕变性能。因此，稀土金属在镁合金中的应用一直受到国内外的高度重视。近30年来，稀土镁合金的研究开发有了更大的发展，先后研制和应用了数十种稀土镁合金（已占镁合金总数的50%以上）。

（四）稀土铝合金

稀土铝合金泛指含稀土金属的铝合金，主要指 Al-RE 系合金。德国早在第一次世界大战期间就成功地使用了稀土铝合金。此后，美国、英国、前苏联等国也都对此开展了大量的研究，当时这些国家多注重于稀土在铸造铝合金的应用研究。美国研制含0.15%稀土的硅铝合金用作汽油发动机的活塞，耐热性良好，增加了活塞的耐磨性，避免开裂现象等，提高了活塞的使用寿命；日本是最早将稀土用于导电铝合金的国家；中国率先用稀土抑制硅对铝导体电性能危害，成功地将电工用铝中硅的最高允许含量由原来的0.09%提高到0.14%～0.15%。

（五）稀土铜合金

中国研究稀土在铜及其合金中的应用起步于20世纪60年代，应用面较窄，发展也不快。当时研究较多地集中在改善铜合金的冷热加工性能、耐腐蚀性能和耐磨性能上，并取得了一些有实用价值的成果。如在造纸工业中的锡磷青铜网中加入0.03%～0.3%的铈后，合金的硬度提高50%，使用寿命延长9%～12%；在HPb59-B铅黄铜中添加0.05%～0.3%的镧或铈后，拓宽了合金的加工温度，显著改善了热加工性能。20世纪90年代以来，以稀土改善铜及其合金性能及稀土铜合金分析材料的研究和开发进一步深入，应用范围和发展速度也大为提高，取得了很多显著的成效。近年，还较深入地开展了对导电铜的研究，以期能用较经济的手段进一步改善导电铜的电性能与力学性能。

（六）稀土钼合金

稀土钼合金是新发展起来的新型合金材料，主要用于高温炉、电子管以及其他应用领域中取代金属钼，从而提高材料的使用性能和寿命。稀土钼合金主要包括 $Mo-La_2O_3$、$Mo-Y_2O_3$ 等，一般稀土氧化物质量分数为0.2%～1.0%。稀土氧化物在钼合金中以弥散质点存在，起弥散强化作用。稀土氧化物加入后提高了钼合金的高温强度、再结晶温度和抗蠕变性能。

（七）其他稀土有色金属合金材料

稀土在其他有色金属中同样可以起到良好的效果，因而被广泛应用在多种有色金属及其合金中。如稀土钨基合金、稀土钴（镍）基合金、稀土钛基合金、稀土硬质合金、稀土贵金属材料等。

第二节 晶 体 材 料

含稀土元素的晶体材料很多，大多属于光电功能材料的范畴。按照具体的功能划分，主要有激光晶体、闪烁晶体、非线性光学晶体等。

一、稀土激光晶体

激光晶体是全固态激光器所用的最基本的激光基质材料。目前已知的激光晶体约有三百多种，其中90%以上都属于稀土激光晶体，即以稀土离子为发光中心的激光晶体。这主要归功于稀土元素特殊的电子组态、丰富的能级和光谱特性。

掺钕的钇铝石榴石（Nd∶$Y_3Al_5O_{12}$（Nd∶YAG））晶体是目前固体激光材料中用量最大、应用最广的激光晶体，如图5-36所示。它具有光学均匀性好、物化性能稳定、导热系数高、生长工艺成熟等多种优点，广泛应用于近远红外固态激光器及其倍频、三倍频激光输出。其典型的发射波长为1064nm，可实现千瓦以上的功率输出，因此多用于大功率激光器，在军事、工业和医疗等领域都有着非常重要的应用价值。

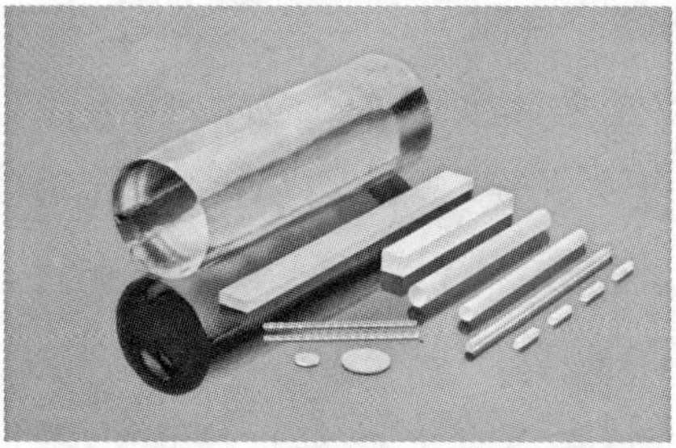

图 5-36　Nd∶YAG 晶体

另一种具有重要应用的稀土激光晶体是 Nd∶YVO_4，它和 Nd∶YAG、Ti∶Al_2O_3 一起被称做“三大基础激光晶体”，如图 5-37 所示。相对于 Nd∶YAG，Nd∶YVO_4 对泵浦光具有更高的吸收系数和更大的受激发射截面，适于激光二极管泵浦。激光二极管泵浦的 Nd∶YVO_4 晶体与非线性光学晶体配合使用，能够达到很高的倍频转换效率，可以制成输出波长涵盖近红外到紫外的各种类型的全固态激光器。此外，它还兼具高的激光损伤阈值和优良的机械、物理、化学性质，这些优点使其成为目前中小功率全固态激光器的首选激光晶体。

图 5-37 Nd∶YVO_4 晶体

传统稀土激光晶体多以钕为激活离子，如前述 Nd∶YAG 和 Nd∶YVO_4，此外较重要的有 Nd∶$Gd_3Ga_5O_{12}$（Nd∶GGG）、Nd∶$YLiF_4$（Nd∶YLF）、Nd∶$YAlO_3$（Nd∶YAP）、Nd∶$YAl_3(BO_3)_4$（Nd∶YAB）等。近年来，以 Ho、Er、Tm、Yb 等其他稀土离子作为激活离子的激光晶体也相继被开发出来，如 Yb∶YAG（见图 5-38）、Er∶YAG 等，并呈现出蓬勃的发展势头，满足了激光领域的各种新的应用需求。

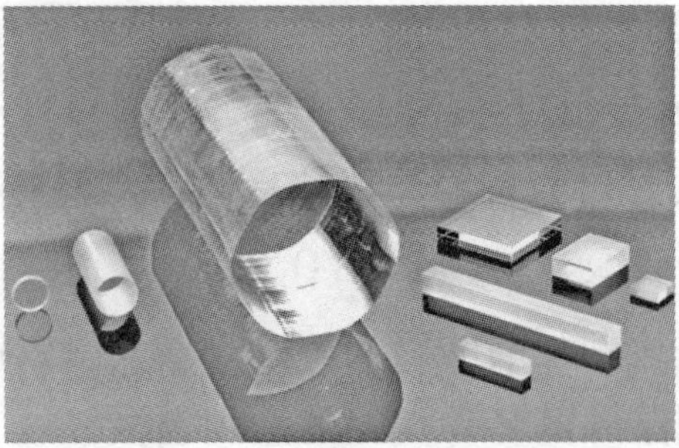

图 5-38 Yb∶YAG 晶体

二、稀土闪烁晶体

闪烁晶体是在高能粒子或射线（如中子、X射线、γ射线等）的激发下发出脉冲光的晶体材料。以闪烁晶体为核心的探测和成像技术广泛应用于高能物理、放射医学、安全检测、工业无损探伤以及地质勘探等领域。

较重要的稀土闪烁晶体有 $RE_2SiO_5:Ce$（RESO，RE = Lu，Gd，Y）、$YAlO_3:Ce$（YAP:Ce）、CeF_3、YAG:Ce 等。其中 RESO 系列晶体具有良好的闪烁性能和稳定的物化性质，在高能物理、放射医学等领域有着广泛应用。该系列中的 LSO（$Lu_2SiO_5:Ce$）和 LYSO（$Lu_{2(1-x)}Y_{2x}SiO_5:Ce$）晶体（见图5-39）是目前先进医疗诊断技术正电子发射断层扫描成像（positron emission tomography，PET）所使用的主流闪烁晶体（见图5-40）。

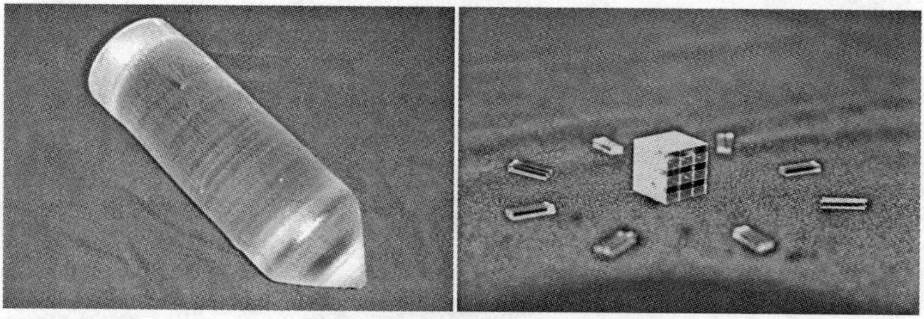

图5-39　LYSO 晶体及其器件

最近十年来，以 $LaCl_3:Ce$、$LaBr_3:Ce$（见图5-41）、$CeBr_3$等为代表的新型稀土卤化物闪烁晶体是闪烁晶体研究

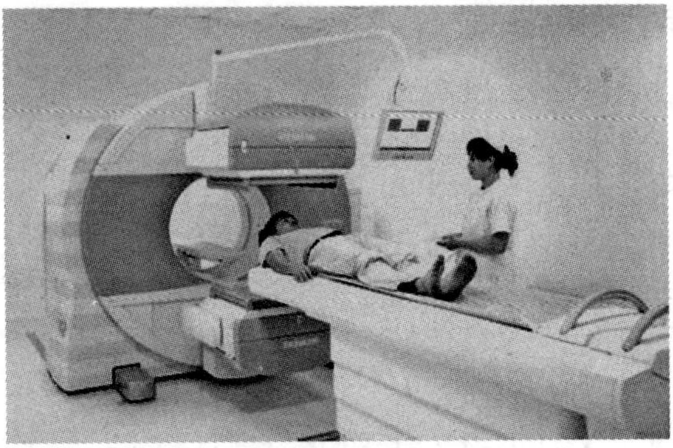

图 5-40 正电子发射断层扫描仪（PET）

领域的最大发现。这些晶体都具有高光效、快衰减、高能量分辨率的特性，非常符合 PET 等先进医疗设备的性能需求。其中又以 $LaBr_3$:Ce 的闪烁性能最为优异，几乎全面超越了传统闪烁晶体 NaI(Tl)，展现出了巨大的应用潜力。法国圣戈班（Saint-Gobain）公司于 2006 年率先实现了 $LaCl_3$:Ce 和 $LaBr_3$:Ce 的商品化。但这几种晶体都存在严重的潮解性，

图 5-41 $LaBr_3$:Ce 探测器

晶体生长和加工都比较困难，给它的实际应用带来了不便。

三、稀土非线性光学晶体材料

非线性光学晶体是指在激光作用下具有非线性光学效应的晶体材料，主要用于激光的频率转换。目前常用的非线性光学晶体多以硼酸盐和磷酸盐为主，中国科学家在该领域具有举世瞩目的成就。但获得重要应用的稀土非线性光学晶体不多，值得一提的主要有 $RECa_4O(BO_3)_3$（RECOB，RE = Y，Gd）、$YAl_3(BO_3)_4$（YAB）、$La_2CaB_{10}O_{19}$（LCB）等。这些晶体的一个显著特征是它们既可以单独作为非线性光学晶体使用，又可以通过 Nd^{3+}、Yb^{3+} 等其他稀土离子的掺杂激活成为所谓的“激光自倍频晶体”，即一种晶体同时扮演激光晶体和非线性光学晶体两种角色，并将二者的功能集于一身，实现激光的自动倍频输出。以激光自倍频晶体制作的全固态激光器具有体积小、调整方便、稳定性高等优点，易于满足特定领域对激光器的微型化需求。

除了上述三大类材料以外，还有很多其他功能的稀土晶体材料，这里就不再赘述。值得说明的是，有很多稀土晶体材料都具有不止一种功能应用。例如：Nd^{3+} 和 Ce^{3+} 掺杂的 YAG 晶体是优秀的激光晶体和闪烁晶体，而纯的无掺杂 YAG 晶体本身还是一种很好的紫外及红外光学窗口材料，尤其适用于高温和高能领域；YVO_4 晶体既是重要的激光晶体基质材料，同时也是一种优秀的双折射晶体，是光通信无源器件（隔离器、连接器、光波分复用器）的关键基础材料。这些稀土晶体材料优异的固有性质是其各种功能应用的基础，而各种新的应用方向也正随着科技的进步和社会需求的发展不断被开发出来。

第三节 抛光材料

稀土抛光粉主要是指铈基抛光粉，具有抛光效率高、粒度均一、硬度适中、抛光质量好等优异性能。稀土抛光粉的发展最初始于20世纪30年代的欧洲，之后的第二次世界大战期间由于军事方面的需求，铈基抛光粉在切削能力以及抛光质量等方面均有了显著进步。目前，稀土抛光粉广泛应用于液晶玻璃、显示屏、光学器件、电子元件的抛光，特别是近年来随着液晶显示器的产业兴起，高性能液晶抛光粉得到了快速发展。

铈基抛光粉的主要化学组分是氧化铈（铈氟氧化物）。根据氧化铈含量的不同将其划分为高铈抛光粉和低铈抛光粉两大类。一般而言，高铈抛光粉价高质优，而低铈抛光粉则价格低廉，但抛光性能逊色于高铈抛光粉。

随着铈基抛光粉合成制备技术的进步，现在可以根据不同的需求制备不同粒度以及粒度分布的抛光材料。因此，按照粒度的大小又可将铈基抛光粉划分为以下三种，也即纳米级（1 ~ 100nm）、亚微米级（100nm ~ 1μm）以及微米级（1 ~ 100μm），通常使用的铈基抛光粉属于微米级范畴。不同粒度的抛光粉适用于不同工序的抛光过程，亚微米级、纳米级抛光粉一般适用于精密抛光。目前纳米级铈基抛光粉的价格非常高，市场份额还较小，但以其优异的物化性能，必将在高精度抛光领域具有广阔的应用前景。

1990年以前，中国各抛光粉生产厂家主要采用北京有色金属研究总院开发的稀土碳酸盐合成技术，其主要技术路线是：稀土盐溶液→碳铵沉淀→添加剂调整→过滤→焙烧→破碎分级→产品包装。后经国内各厂家进行改进，发展出了多种合成和后处理工艺，从技术发展来看，该工艺还有较大的改进余地，特别是气流磨、精密分级设备等后处理设备的快速发展，推动了该工艺的进步。

总体而言，目前中国稀土抛光粉产品质量处于中低档水平，在粒度分布、硬度、悬浮性等方面与国外产品还有一定的差距，高端抛光粉仍依赖进口。

第四节　玻璃和陶瓷材料

一、稀土玻璃材料

玻璃的制造约有五千多年的历史，光学玻璃的生产也有近二百年的历史，但是稀土元素应用于玻璃制造却只是近百年的事。在传统领域的玻璃工业中，稀土元素被广泛用作澄清剂、添加剂、脱色剂、着色剂等。在高新技术领域，稀土主要应用于激光玻璃、智能玻璃、磁光玻璃、发光玻璃、防辐射玻璃、光敏玻璃、光纤玻璃材料等。利用稀土元素的高折射、低色散性能的特点，可生产高性能光学玻璃，用于制造高级照相机、高级光学仪器的镜头。激光玻璃具有优越的热光稳定性和化学稳定性，可用于高能、高功率激光器件及中小型激光器件，如含 Nd^{3+} 的激光玻璃、掺 Nd^{3+} 磷酸盐激光玻璃、掺 Yb^{3+} 的磷酸盐激光玻璃、Er^{3+}、Yb^{3+} 共掺磷酸盐激光玻璃以及稀土掺杂的氟化锆玻璃。智能玻璃能在光的激发下发生变色反应，能自行调节透光性能。掺入 Ce_2O_3 和 MnO 的硅酸盐玻璃，在紫外线照射下可使玻璃变暗，其逆过程又使玻璃脱色。发光玻璃是一种以低熔点玻璃粉和 $SrAl_2O_4$:Eu,Dy 长余辉发光粉体为原料，以硼硅酸盐低熔点玻璃为底材，在一定温度下烧制而成的，其长余辉发光时间在可持续达 8h 以上。磁光玻璃即法拉第旋光玻璃，广泛用于各种光学系统中，其中用高性能的铽硅酸盐磁光玻璃制成的磁光隔离器已用于各种高功率激光系统中。含稀土离子（Ce^{3+}、Pr^{3+}、Dy^{3+}、Tb^{3+}、Eu^{3+} 等）的顺磁玻璃具有较大的费尔德常数，可制成大尺寸、光学均匀的磁光玻璃。以磷酸盐、硼酸盐、氟化物玻璃为基础，掺入 Y、Dy、Ho、Tm 制成透明磁性玻璃，可用作热磁元件、变压器、磁芯、记忆元件等。此外，利用稀土元素的防辐射特性，可生产 La_2O_3-CdO-B_2O_3、Gd_2O_3-CdO-B_2O_3、Eu_2O_3-CdO-B_2O_3 等为基础的吸收慢中子的防辐射玻璃、掺 CeO_2 的耐辐射玻璃、CeO_2 为敏化剂的 Li_2O-Al_2O_3-SiO_2 系光敏玻璃、铈激活磷酸盐玻璃制成的热致发光剂量玻璃、CeO_2-SiO_2-BaO-Li_2O-B_2O_3 的闪烁玻璃、加入 CeO_2 助感剂于硅酸盐玻璃中制成的感光玻璃、

含 CeO_2 的钡硅酸盐显像管屏玻璃、稀土着色玻璃、基板玻璃、有机玻璃、玻璃态薄膜等。

镧系光学玻璃具有高折射率、低色散度的特点，广泛用于各种光学仪器中，从1999年开始，世界光学玻璃生产中心向中国转移，目前世界镧玻璃每年需求量接近5000t，氧化镧消耗量达2000t，并有上升趋势。国内稀土光学玻璃的年总生产能力已达3000t，产品质量与日本产品相当，而成本仅为日本的1/3，主要由成都光明器材厂生产，产品出口美国、日本和韩国。

玻璃由于涉及的领域众多，学科交叉严重，稀土在该领域应用呈现出量小而面广的局面。中国经济，特别是在光电领域经济的高速发展带动了稀土在该领域的应用发展。

二、稀土陶瓷材料

稀土在陶瓷材料中的应用分为两类，一是作为添加剂应用于结构陶瓷，从而改善陶瓷的强度、稳定性等性能，如在 Si_3N_4 陶瓷、Al_2O_3 陶瓷、SiC 陶瓷、氧化锆陶瓷中少量添加各种稀土元素，可以促进烧结，加速致密化，显著提高其结构性能；二是用在压电陶瓷、导电陶瓷、介电陶瓷、电光陶瓷、生物陶瓷、抗菌陶瓷等功能陶瓷中，不仅可改善陶瓷的烧结性、致密度、强度等，更重要的是可表现出特殊的电、磁、声、光、热等性质，使其特有的功能效应得到显著提高。如在压电陶瓷中加入氧化镧，可以提高材料的弹性顺度常数和介电常数。日本在特种陶瓷领域中一直处于领先地位。

在电子陶瓷研究开发方面，日本和美国走在世界前列。其中日本以门类最多、产量最大、应用领域最广、综合性能最优著称，占据了世界电子陶瓷市场份额的50%。美国研究力量雄厚，在电子陶瓷的技术研发方面走在世界前列，其产品侧重于高技术和军事工程，在光电子、红外技术、电光和半导体封装等领域处于优势地位，但产业化应用不如日本。目前美国电子陶瓷产品约占世界市场份额的30%，居全球第二位。韩国在电子陶瓷研发方面发展迅速。

第五节　稀土生物农用材料

1917年，中国学者钱崇澍与美国人W. J. Ostenhout共同发表了《钡、锶、铈对水绵属的特殊作用》，认为铈能提高水绵产量30%以上，开创了稀土材料的生物活性研究。截至20世纪80年代，苏联、罗马尼亚、保加利亚、美国、日本、英国、韩国、马来西亚等国也先后开展了稀土农用技术研究。1999年，德国和瑞士开始了稀土在养殖业中的应用研究，大约80%的研究结果表明，稀土在养殖业中应用表现出提高饲料利用率及增重等良好效果。2003年稀土饲料添加剂Lancer®和Sanocer®已进入瑞士市场。

1972年，北京有色金属研究总院和北京农科院等科研单位合作开展稀土农用研究和试用工作，1985年底，16种农作物施用稀土“常乐”的技术通过了鉴定。1988年颁发了国家标准《农用硝酸稀土》(GB 9968—88)，并分别于1996年和2008年对其进行了修订。“八五”期间是稀土农用、林用、牧用技术深入发展、多学科基础研究工作空前活跃和各种应用品种大量涌现的时期。在这期间实现了稀土和小化肥的复合，近100家碳铵厂实施了生产稀土复合肥的技术改造，年生产复合肥约120万吨，消耗稀土近1300t。1993年完成国家稀土行业标准《稀土有机络合物饲料添加剂》(XB 504—93)，1997年完成国家化工行业标准《碳铵复混肥料中稀土元素的含量及测定》(HG 2842—1997)。此外，还有高效稀土复合剂、稀土磷肥、稀土种子包衣剂、稀土微肥、杀菌防腐剂、植物助长剂和稀土饵料等产品相继研制成功并投入市场。

稀土农用材料的研制工作大致经过了三个阶段：

(1) 以轻稀土矿为主要原料，制得稀土无机盐，如硝酸稀土、氯化稀土等，称之为第一代稀土农用材料。其缺点是稀土元素的吸收和利用率低。

(2) 无机稀土化合物与柠檬酸、氨基酸等有机螯合剂的螯合反应制得稀土有机配合物（或稀土有机螯合物），如柠檬酸稀土（饲料添加剂）、氨基酸稀土、壳糖胺稀土螯合盐（饲料添加剂）、腐殖酸稀土等，称之为第二代稀土农用材料，稀土元素的吸收利用率得到有效提高。

(3) 第三代综合应用型稀土农用材料，如多功能性稀土微肥、稀土磷肥、稀土复混肥、稀土转光农膜、稀土植物生长光源等。

大量研究表明，稀土在种植业中应用能提高植物叶绿素含量和光合作用，增加农作物产量、改善农作物品质，提高农作物抗病害能力，减少农药用量，缓解重金属及盐胁迫对植物生长造成的危害；同时，稀土在养殖业中应用也能增加动物体重，提高动物免疫力。

种植业和林业用稀土材料的施用方式主要包括：基施、叶面喷施、拌种、浸种、浸根、涂布及茎部注射等；而养殖业或渔业用稀土材料的施用方式主要包括：直接与饲料混匀后饲喂或者将稀土材料溶解后与饲料混匀后饲喂。

第六节 稀 土 助 剂

稀土助剂材料主要包括汽车尾气催化助剂、稀土塑料橡胶助剂、金属催渗助剂和稀土油漆涂料助剂等。

汽车尾气催化助剂主要是铈锆储氧材料，在尾气催化剂中作为活性涂层广泛应用，其作用是可大幅降低贵金属用量，提高催化剂活性和使用寿命，而且充当氧缓冲器，可自行储氧放氧，拓宽催化剂空燃比工作窗口。铈锆汽车尾气催化助剂未来发展方向是针对更加严格的汽车尾气排放标准，开发更高热稳定、高储氧能力、低成本的技术。

稀土塑料助剂的应用研究始于20世纪70年代初期，由日本的高田幸人等首先报道了硬脂酸镧、铈等稀土有机盐对聚氯乙烯（PVC）具有热稳定作用，它们具有毒性低、润滑性好、制品透明性高、光稳定性好等显著优点。稀土塑料助剂能显著改善塑料的加工性能和使用性能，降低生产成本、降低能耗、提高生产效率。稀土催渗助剂可加速金属制品的表面热处理过程和质量，用于金属制品表面处理，其过程是主要通过热渗透碳、氮、硼等改变金属材料的表面结构，从而改善材料的表面力学性能、抗腐蚀性能。热处理能耗高、工序持续时间长，利用催渗技术加速化学热处理过程、降低能耗、改善热处理效果是世界热处理行业的发展方向。

油漆催干剂是油漆工业中不可缺少的助剂。传统的钴/铅系列催干剂，通常还加有锰、锌、钙等多种金属元素，价格昂贵、存在重金属污染。20 世纪 50 年代，国外开始使用稀土油漆催干剂，部分甚至全部取代传统催干剂中的铅、锰、锌、钙等组分。稀土可提高涂料耐沾污、快干、高硬度和高稳定性能。20 世纪 80 年代开始，中国科技工作者陆续开发出系列的稀土油漆催干剂，已成功用于五大类几十个品种的油漆生产上。目前全国稀土催干剂的年用量 3000 余吨，应用于各类油漆 15 万 ~ 20 万吨。

第六篇

稀土应用市场

第一章 国内外应用市场分析

第一节 中国稀土应用情况

稀土是重要的战略资源，由于具有特殊的物理和化学性质，被广泛应用于国民经济和国防工业的各个领域，是当今世界各国公认的改造传统产业，发展高新技术和国防尖端技术不可缺少的原材料。一般将稀土的应用分为两部分：传统行业应用和高新产业应用。随着新材料、高科技的发展，中国对稀土的需求量以每年15%左右的增幅增长，到2011年，全国稀土应用量已增长至8.31万吨REO（见表6-1）。稀土消费出现了传统领域稳定、新兴领域快速增长的局面，尤其稀土永磁体、稀土LED发光材料、稀土催化材料等所应用稀土的增长幅度较大（见表6-2）。

近十多年以来，缺少重大稀土新材料的出现和市场开拓，稀土的应用推广力度不大，而且由于出现全球金融危机，再加上2011年稀土价格猛涨和稀土代替品的出现等因

表 6-1 中国国内稀土应用情况（REO）

行业	冶金/机械		石油/化工		玻璃/陶瓷		新材料		农业/轻纺		消费
年份	消费量 /t	比例 /%	消费量 /t	比例 /%	消费量 /t	比例 /%	消费量 /t	比例 /%	消费量 /t	比例 /%	总量 /t
2000	5200	27. 1	4000	20. 8	2000	10. 4	4850	25. 3	3150	16. 4	19200
2001	5500	24. 3	4500	19. 9	2900	12. 8	6300	27. 9	3400	15	22600
2002	5700	23	4680	18. 9	3000	12. 1	8000	32. 3	3400	13. 7	24780
2003	6150	20. 1	4850	15. 9	6100	20	10250	33. 6	3200	10. 5	30550
2004	5000	15	4000	12	6200	18. 6	15911	47. 6	2300	6. 9	33411
2005	9738	18. 8	6000	11. 6	6500	12. 5	24662	47. 5	5000	9. 6	51900
2006	10085	16. 06	6800	10. 8	7607	12. 1	30701	48. 9	7600	12. 1	62793
2007	10994	15. 15	7548	10. 4	7872	10. 9	38450	53	7686	10. 6	72550
2008	10370	15. 32	7520	11. 11	7160	10. 58	35510	52. 47	7120	10. 52	67680
2009	11000	15. 07	7500	10. 27	7200	9. 86	40300	55. 21	7000	9. 59	73000
2010	11200	12. 87	7500	8. 62	7600	8. 73	53825	61. 85	6900	7. 93	87025
2011	10100	12. 15	7500	9. 02	7000	8. 42	55010	66. 20	3500	4. 21	83110
2012	1000	1. 5	7600	11. 7	7000	10. 8	46697	72. 1	2500	3. 90	64797

表 6-2 2001～2012 年国内稀土材料消耗稀土量（REO）

年份	稀土永磁体/t	稀土荧光材料/t	稀土储氢材料/t	稀土尾气催化净化剂/t	液晶抛光材料/t	合计 /t
2001	3720					3720
2002	4376					4376
2003	6564	1825	1433	800		10622
2004	10756	2135	2000	1020		15911
2005	15404	2825	4333	2100		24662

续表 6-2

年份	稀土永磁体/t	稀土荧光材料/t	稀土储氢材料/t	稀土尾气催化净化剂/t	液晶抛光材料/t	合计/t
2006	18095	3106	5000	2500		28701
2007	22250	4490	6200	2710	2800	38450
2008	20100	2870	6160	2880	3500	35510
2009	23000	3700	6200	3300	4100	40300
2010	34125	5000	6300	3800	4600	53825
2011	36600	4800	4430	4380	4800	55010
2012	30847	3100	3190	4560	5000	46697

素，造成近几年稀土市场消费量增长率有所下降，各类稀土产品产能和产量严重过剩，供过于求。因此，不能盲目乐观搞重复建设，扩大生产能力造成产品积压、经济效益下滑；同时，要加大稀土应用开发和应用推广力度，拓宽稀土应用市场领域，加快转变稀土经济发展模式，提高经济效益，促进中国稀土行业可持续发展。

第二节　国内外稀土材料应用市场分析

一、稀土永磁材料

在低碳经济席卷全球的趋势下，各国逐渐将保护环境、低碳排放作为科技发展的关键目标。新能源汽车、风力发电、节能家电等低碳经济产业的发展，给稀土永磁产业发展带来了新的动力。

(一) 新能源汽车

新能源汽车主要包括混合动力汽车(HEV)、纯电动汽车(BEV)、燃料电池汽车(PCEV)等。目前,新能源汽车中仅混合动力汽车得到了规模化推广应用,其技术已日趋成熟。出于减重和提高能效的目的,混合动力汽车驱动和充电用稀土永磁电机必须用高性能 NdFeB 磁体,单车用量 1.5~2.2kg。2009 年全球混合动力汽车销量接近 80 万辆,其中日本销量超过 45 万辆,美国销量超过 29 万辆。2011 年,丰田汽车全球范围内的混合动力汽车产量约 100 万辆,与2009 年相比提高了 2 倍。日本汽车工业协会预计,到 2015 年全球混合动力汽车销量将超过 500 万辆。按平均每辆 2kg 计算,预计 2015 年混合动力汽车对高性能 NdFeB 永磁材料的需求量每年将超过 1 万吨。

(二) 风力发电领域

大功率风力发电机是高性能稀土永磁材料的另一重要应用。风力发电已逐渐成为众多国家可持续发展战略的重要组成部分。中国已将风力发电作为改善能源结构、应对气候变化和国家能源安全问题的主要替代能源技术,并给予了有力支持。从 2005 年开始,中国的风电总装机连续 5 年实现翻番。2010 年,中国风电总装机容量达到 4182 万千瓦,同比年增长 62%,首次超越美国,跃居世界第一。2011 年中国累计总装机容量达到 6249 万千瓦,同比增长 29%。风力发电机组主要有双馈式和直驱永磁式两种。其中,双馈式机型技术较为成熟,是目前风电技术的主流机型。直驱永磁式风力发电机是近几年刚刚发展起来的新技术，具有效率高、寿命长、结构简单、稳定性好等优点，已经成为今后风电技术的发展方向。每台直驱稀土永磁式风力发电机组需要高性能稀土 NdFeB 永磁材料约为 0.67t/MW。2010 年，直驱永磁式风力发电机装机 3000 台左右，装机容量 500 万千瓦，使用高性能烧结 NdFeB 磁体 3300t；2011 年受稀土原材料价格上涨影响，直驱永磁式风力发电机的成本大幅度增加，但直驱永磁式风力发电机装机台数仍保持了 2010 年的水平，使用高性能烧结 NdFeB 磁体 3000t 左右。根据 2011 年的风电数据预测，“十二五”期间，中国风电累计新增装机容量将突破 15950 万千瓦，如果按其中 30% 采用稀土永磁发电机估算，“十二五”期间全国风力发电领域对稀土永磁材料的需求量将达 3.2 万吨，国外需求量预计将达到 4 万吨左右。

（三）节能家电领域

近年来，以变频空调为代表的节能家电产业飞速发展。目前，日本变频空调占其空调总产量的比例高达 97%；法国、西班牙、意大利变频空调的普及率分别为 90%、45% 和 40%。根据国家信息中心公布的数据，自 2009 年开始，中国变频空调市场销量大幅增长，2010 年全国变频空调市场销量增速同比超过了 100%，市场占有率达到 24%。专家预计，未来几年，中国变频空调市场仍然会保持强劲的增长势头。

2010 年，中国变频空调机产量约 2400 万台，其中稀土永磁变频电机占 50% 左右，按每台稀土永磁变频电机使用稀土永磁材料100g计算，则该领域全年使用稀土永磁材料1200t。“十二五”期间，变频空调年增长率按35%计算，则累计稀土永磁变频空调产量2.8亿台，期间累计所需NdFeB永磁材料2.8万吨。而国外市场需求量可能超过3万吨。

（四）其他领域

除上述领域外，计算机、医用核磁共振成像、办公自动化等行业对稀土永磁材料的需求在现有的基础上仍将保持稳定增长态势。硬盘驱动器的世界用量迅速增长，2005年为3.81亿只，2010年为8.5亿只。2011年全球硬盘驱动器使用高性能NdFeB永磁体约6260t。“十二五”期间按年均增长8%计算，硬盘驱动器领域将需要高性能稀土永磁材料3.67万吨。医学用核磁共振成像仪（MRI）也是钕铁硼永磁材料的一个重要应用，目前在日本每百万人口拥有MRI约38台，而中国目前每百万人口拥有MRI不到1台，因此MRI市场发展空间相当巨大。预计“十二五”期间，MRI所需高性能稀土永磁材料约9000t。

在可预见的10～20年间，全球稀土永磁材料市场仍将保持快速增长。预计到2015年全球稀土永磁材料产量将超过15万吨，相比2011年将增长约50%。到2020年全球稀土永磁材料产量将超过20万吨，2030年将达到38万～40万吨。图6-1所示为全球稀土永磁材料主要领域应用及产量预测。

二、稀土发光材料

稀土发光材料作为重要的稀土功能材料之一，与人类的

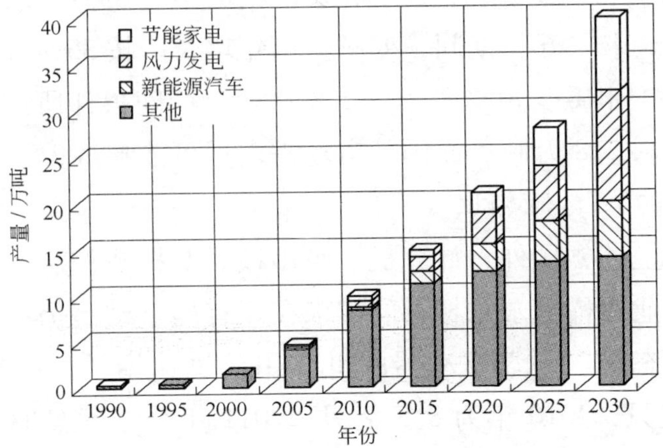

图 6-1 全球稀土永磁材料主要领域应用及产量预测

生产、生活息息相关。近年来，中国逐步加快对稀土发光材料的研发，生产稀土发光材料的种类以及数量均有显著提升，图 6-2 所示为 2005～2012 年中国稀土发光材料总产量。2010 年，中国稀土发光材料的总量达到 9000 多吨，占全球

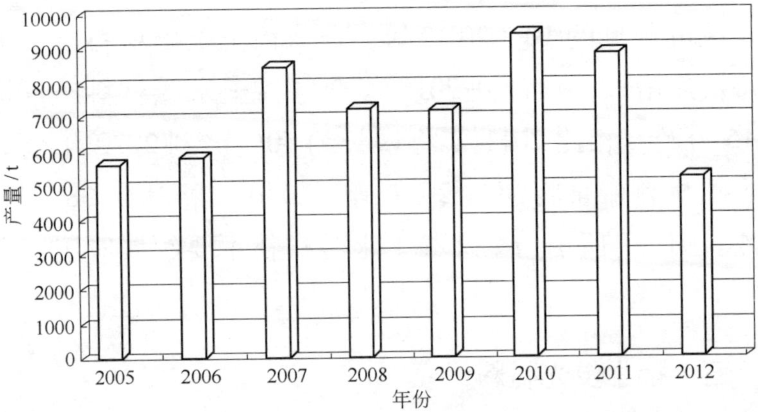

图 6-2 中国稀土荧光粉的年产量统计

稀土发光材料总量的80%左右。随着白光LED半导体照明快速发展，稀土荧光粉的应用量将逐渐减少，加之节能荧光灯用稀土荧光粉的削减，2012年国内荧光粉的产量减少到5245t。预计到2015年，全国稀土荧光粉总体用量在4000t左右，主要应用在节能荧光灯照明、白光LED的显示和照明领域。

显示和照明是稀土发光材料的两大主要应用领域。目前主要显示方式为液晶显示（LCD）和等离子体显示（PDP）等平面显示。主要照明器件有节能荧光灯、LED灯、金卤灯等。据Displaysearch公司统计，2010年全球液晶电视出货量达1.88亿台，较上年增长29%，且在未来3～5年继续呈持续增长态势。在未来几年内，随着白光LED背光源的迅速发展，CCFL背光源在LCD面板中所占比例逐渐下降，预计2015年前将全部被LED液晶背光源取代（全球液晶背光源出货比例统计及预测见图6-3）。

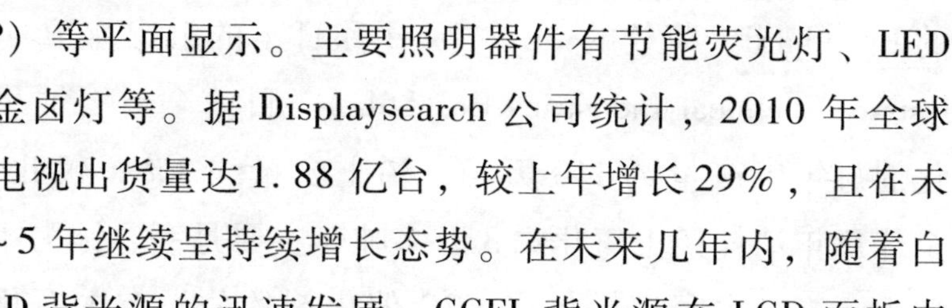

	2006年	2007年	2008年	2009年	2010年	2011年	2012年	2013年	2014年	2015年
□ CCFL/EEFL	99.0%	99.0%	93.3%	72.2%	55.7%	43.6%	35.8%	29.8%	26.1%	21.7%
■ LED	1.0%	1.0%	6.7%	27.8%	44.3%	56.4%	64.2%	70.2%	73.9%	78.3%

图6-3　2006～2015年全球液晶背光源出货比例统计及预测

三、稀土催化材料

工业应用的稀土催化材料包括分子筛稀土催化材料、钙钛矿稀土催化材料、铈锆固溶体助催化材料等，主要应用于石油催化裂化（FCC 催化剂）、机动车尾气净化、工业有机废气净化、催化燃烧和固体氧化物燃料电池等方面。国外著名的石油裂化催化剂公司中催化剂生产量最大的是美国 Grace-Davison 化学分部，年生产量 30 多万吨；其次是美国的 Engelhard、荷兰的 Akzo-Nobel 和日本的触媒化成（Catalysts & Chemical Industries Co.,Ltd.）。目前全球石油裂化催化剂每年生产量约 110 万吨，稀土含量约 3%，仅此一项，全球每年消耗稀土氧化物 3 万多吨，主要是镧、铈为主的轻稀土元素。中国规模生产 FCC 催化剂的公司有中石化催化剂分公司、中石油催化剂公司等，目前年产量约 18 万吨，占国内市场份额的 90% 以上，占全球的 16%，国内在该领域稀土用量约 6000t。从全球 FCC 催化剂市场来看，亚洲仅次于北美洲，占全球总量的 29%。

2012 年中国私人汽车拥有量达到 8838.6 万辆，与 2002 年的 968.98 万辆相比，十年间复合增速达 25%。私人汽车保有量的快速增长使得尾气成为城市中最主要的大气污染源。目前世界上最广泛应用的汽车尾气净化催化剂为三元催化剂（TWC）。根据对中国国产催化剂市场规模的估算，中国汽车市场的快速发展、国产汽车尾气催化剂市场份额的迅速提升、失效催化剂的更新等对稀土催化材料的需求将继续快速增长。预计2014年、2015年中国乘用车产量有望分别增长12%和10%。而根据Wind统计，中国乘用车的平均排量为1.74L，汽车尾气催化剂装载量与发动机排量的经验比为0.9∶1（摘自贵研铂业2013年配股募集说明书），则平均每辆乘用车需1.57L催化剂。

汽车尾气净化催化剂核心技术主要被德国巴斯夫、英国庄信万丰、比利时优美科等国外企业掌握，占据世界汽车尾气催化剂90%以上的市场份额，中国无锡威孚力达、昆明贵研等企业目前催化剂产品大部分为国产汽车配套，而尚未进入国外高档汽车市场。2012年全球汽车尾气催化净化器产量1.53亿套，稀土用量约6500t，预计2015年全球汽车尾气催化净化器产量将突破1.70亿套，稀土用量突破7200t。2012年中国汽车产量1927万辆，汽车尾气净化催化剂方面稀土用量约1900t。机动车尾气净化催化剂是高附加值、高技术含量的稀土产品，环保法规的推动必将催生新型稀土催化材料，欧洲在2009年已开始对汽油车和柴油车实施欧洲Ⅴ号标准，2014年已执行更严格的欧洲Ⅵ排放标准。2007年开始，中国对于城市机动车尾气排放执行国Ⅲ标准，2011年7月执行严格的国Ⅳ标准，2015年将执行更严格的国Ⅴ标准，目前北京市已于2013年执行相当于国Ⅴ的京Ⅴ排放标准。未来5~10年中国汽车尾气将逐步实施国Ⅵ排放标准，开发出满足国Ⅵ排放标准的高效汽车尾气净化催化剂及集成系统，并逐步解决中国城市汽车保有量、汽车产量迅猛增长和城市大气污染之间的矛盾，中国国产汽车尾气催化剂国内市场占有率将达40%以上。

城市废气的另一个主要来源是工业生产（石化、油漆和涂料等）排放的有毒有害废气，特别是挥发性有机废气（VOC）。目前中国在工业废气中的稀土应用仍较少，但美国1997年的市场规模已达到10亿美元。预计随着中国政府对工业废气排放要求的逐步严格，将推动稀土在该领域的需求增长。

四、稀土储氢材料

稀土储氢材料作为重要的储能材料，主要应用在镍氢电池、氢能储运、蓄热与热泵和静态压缩机等方面，镍氢电池是其目前最大的应用领域。近年来，在混合动力汽车的拉动下，稀土储氢材料产量稳步增长。目前全球稀土储氢合金主要由中国和日本供应，中国储氢合金产量超过全球总产量的70%。新能源汽车的快速发展为稀土储氢材料提供了广阔空间，风能等间歇性新能源的储存、燃料电池的高密度氢源，逐渐成为稀土储氢材料的应用重点。

（一）储氢合金的应用情况

据派克研究（Pike Research）公司的最新报告，到2017年，新能源技术领域每年对稀土的需求将从2011年的约9000t到突破1.2万吨，其中混合动力汽车中的镍氢电池将是稀土需求量最大的领域之一。从表6-3可以看出，尽管受到锂电池的冲击，镍氢电池用储氢合金产量和产值将维持稳定增长。

表 6-3　2000～2020 年国内国际稀土储氢合金的产量及产值

地　区	国　内					国　际				
年　份	2000	2005	2010	2015	2020	2000	2005	2010	2015	2020
产　值	3.5	20	40	67	100	3.2	8.5	12.1	18	27
产能/万吨	0.5	1.8	2.5	5	8	1.5	3	4.2	6.5	10
产量/万吨	0.12	1.3	2.2	3	4.5	0.7	2.5	3.3	4.3	5.2
需求/万吨	0.5	1.1	1.7	2.6	3.4	0.7	1.9	2.6	3.5	4.4

注：产值单位：国内为“亿元”，国际为“亿美元”。

混合动力汽车的核心组件是动力电池。日本丰田 PRIUS 历时 16 年的商业化应用表明，镍氢动力电池完全能满足混合动力汽车的性能需求，同时日本镍氢动力电池、电池材料及应用技术已完全成熟。现有 HEV 电池 90% 以上为镍氢动力电池。预计 2015 年后，镍氢混合动力汽车及相关镍氢动力电池产品的市场需求将迎来一个快速增长的时期。2015～2020 年间，随着国内混合动力汽车的大面积使用，镍氢动力电池的市场将呈现快速增长。预计到 2020 年，全球混合动力汽车用镍氢合金需求将超过 4 万吨，其中接近 80% 产生于中国，产值将超过 27 亿美元。

除了混合动力汽车用储氢合金以外，稀土储氢材料具有绿色环保、比容量大等优势，在民用低自放电电池、电动自行车和电动工具等方面正逐渐取代铅酸电池、Cd/Ni 电池，并将维持稳定增长。日本开发的 Eneloop 镍氢电池自 2005 年在日本发售以来，截至 2012 年 6 月 30 日累计销售已超过 2.2 亿节。

（二）中日储氢材料的应用情况对比

中国是稀土储氢材料的生产大国，但在高端稀土储氢材料及其应用方面与日本还存在差距，国内合金产量一直维持在日本储氢合金产量的2倍。但是由于技术水平低、产品稳定性差等原因，2012年产值只有日本的1/3（见图6-4和图6-5）。特别在混合动力汽车与低自放电电池方面，国内高容量低自放电镍氢电池寿命尚短，稀土储氢装置规模尚小，市场基本由日本占据（见表6-4）。

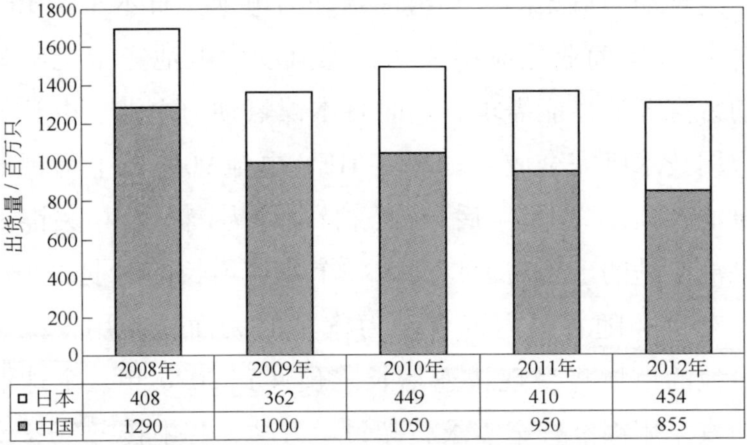

	2008年	2009年	2010年	2011年	2012年
□日本	408	362	449	410	454
■中国	1290	1000	1050	950	855

图6-4　2008～2012年中日镍氢电池出货量对比

表6-4　中日稀土储氢合金应用领域对比

国家	总量/t	应用方向	用量/t	余量
中国	9000～10000	出口（日、法、德）	500	国内民生
		低自放电	<100	
日本	7000～8000	HEV	4000	常规民生
		低自放电	1000	

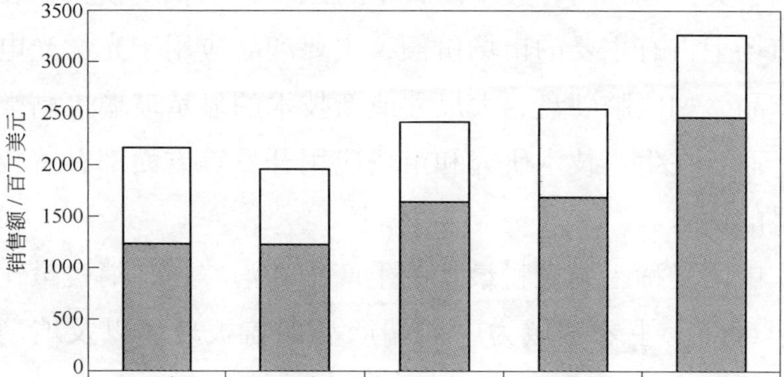

	2008年	2009年	2010年	2011年	2012年
□ 中国	936	732	768	851	806
■ 日本	1235	1231	1650	1693	2465

图 6-5　2008～2012 年中日镍氢电池出货销售额对比

总体而言，国内在稀土储氢合金及其应用方面缺乏原始创新，亟待突破国外专利技术的限制，开发出具有自主知识产权的新型稀土储氢材料。同时，还需针对中国稀土资源平衡利用的瓶颈问题，充分利用高丰度稀土元素开发新一代新型稀土储氢合金，并逐渐扩大其在储氢装置和氢气纯化等领域的应用。

五、稀土抛光材料

稀土抛光粉主要是指铈基抛光粉，具有抛光效率高、粒度均一、硬度适中、抛光质量好等优异的性能，现已取代传统抛光粉（氧化铁抛光粉）而广泛应用于光学玻璃、电子器件以及宝石等高新技术领域。

目前国外稀土抛光粉生产厂家主要集中在日本、法国、美国、英国和韩国，其中以日本为最多，不仅规模大，在国际市场上占有主要的市场份额，主要产品应用于光学光电行业产品，如电脑硬盘、大尺寸或新技术的显示玻璃等高端领域，而且在生产技术研究和市场应用开发等方面都有着较为明显的优势。

中国是稀土抛光粉最大的生产国和消费国，消费量比例大于60%，主要领域为中低端产品如盖板玻璃以及玻璃工艺品的抛光等。2010 年以来，随着市场升温和国家对稀土产业政策的调控，更多的企业加入到稀土抛光粉行业中来，稀土抛光粉企业数量迅速增多，产能不断扩大，全国稀土抛光粉的产能大约有 5 万吨，严重供大于求，仅包头地区稀土抛光粉生产企业就有十几家之多，年产能大约有 2 万吨。经过 2010 下半年至 2011 年的市场变动之后，抛光材料的用量开始呈下降趋势，到 2012 年已下降至 1.5 万吨。随着高新技术领域需求的拉动以及稀土价格趋于稳定，抛光粉的用量还会维持增长势头，预计 2015 年中国稀土抛光粉的需求量将达到 2 万吨左右。

第二章　中国稀土出口情况

中国是稀土生产大国，是全球最大的稀土供应国，全球稀土的贸易主要是中国和其他国家的贸易，或者说主要是中国出口稀土到其他国家，其他国家几乎都从中国进口稀土。

目前，中国生产的稀土占全球供应量的 95% 以上，稀土出口量在世界市场的占有率已高达87.5%。中国稀土的主要市场分布在日本、美国和欧洲，另外韩国和中国台湾也占据一定的市场份额。

2008~2012年中国稀土产品出口情况见表6-5。

表6-5 2008~2012年中国稀土产品出口情况（REO）

年份	出口量		出口额		均价
	数值/t	增长率/%	数值/万美元	增长率/%	/万美元·t^{-1}
2008	30921	-36.9	47646	-59.59	1.54
2009	36074	16.7	31008	-34.92	0.86
2010	34552	-4.2	93971	203.5	2.72
2011	15723.85	-54.49	352980.8	275.63	17.03
2012	12906.31	-17.92	131491.1	-62.75	10.19

2011~2013年中国稀土冶炼分离产品出口的主要国家和地区见表6-6。如表6-6所示，2013年中国稀土出口量明显增长，相比出口美国的数量增长幅度更为明显，美国已超越日本成为中国稀土第一大进口国。

表6-6 2011~2013年中国稀土冶炼分离产品出口走向情况（REO）

国家和地区	2011年		2012年		2013年1~11月	
	数量/t	比例/%	数量/t	比例/%	数量/t	比例/%
日本	9132.77	38.48	6606.5	40.21	6455.12	32.57
美国	2112.18	31.60	3460.7	21.25	7090.99	35.78
法国	1315.71	5.82	2641.6	16.33	791.80	4.00
中国香港	913.34	7.22	559.4	3.49	437.92	2.21
德国	573.47	2.06	239.86	1.50	376.36	1.90

续表 6-6

国家和地区	2011 年		2012 年		2013 年 1 ~ 11 月	
	数量/t	比例/%	数量/t	比例/%	数量/t	比例/%
意大利	355.74	3.88	464.64	2.90	1394.97	7.04
韩　国	300.87	1.32	225.73	1.41	231.77	1.17
荷　兰	251.16	1.49	350.54	2.19	790.30	3.99
合　计	14955.24	95.49	14302.82	89.29	17569.23	88.66

为了加强对稀土出口的管理，中国稀土行业主管部门制定了一系列政策措施。1998 年，中国开始实施稀土产品出口配额政策，并把稀土原料列入加工贸易禁止类商品目录。2005 年，取消稀土金属、稀土氧化物、稀土盐类等产品的出口退税。2006 年，商务部发布《加工贸易禁止类商品目录》，其中包含 41 种稀土金属、合金、氧化物和盐类等商品。2006 年 10 月，国务院发布《关于调整部分商品进出口暂定税率的通知》，开始对稀土金属矿、稀土化合物等加征出口暂定关税，税率为 10%。2007 年，中国大幅上调了稀土产品的出口关税，目前轻稀土氧化物关税税率为 15%，轻稀土金属及大部分中重稀土产品出口关税税率达到 25%。

2011 年中国出口配额 3.02 万吨，中国海关统计的稀土出口量为 1.57 万吨，但实际从中国出口的稀土远不止这些，根据国外海关统计的从中国进口的稀土量是中国海关统计数据的 1.2 倍（数据来源于《中国的稀土行业状况与政策》白皮书）。此外，由于中国对稀土初级产品出口的限制，海外稀土下游企业在中国设立了大量合资企业，将稀土进行深加工后再出口。对比最近几年的出口配额数据，2010 年稀土出口配额数量显著减少，约占 2009 年的 60%。2010 ~ 2013 年，稀土出口配额量变化不大，基本保持稳定，见表 6-7。

表 6-7　2009 ~ 2013 年中国稀土企业出口配额分配情况（t）

年　份	2009	2010	2011	2012	2013
内资企业	31310	22513	22712	22935	22616
外商企业	16845.1	7746	7472	8061	8371
配额合计	48155.1	30259	30184	30996	30987

此外，美国、日本等除了通过世贸规则制造舆论，谋求廉价稀土供应之外，为了降低对中国稀土的依赖，原已停产的一些国外稀土采选冶企业纷纷恢复或扩大生产，并启动了一大批稀土资源勘探、开采项目。如美国钼公司 2010 年底又恢复了矿山的开采，2011 年启动凤凰计划，扩建稀土生产线，第一期年产能为 19050t REO，2013 年底投产，二期产能将提高至年产 40000t REO。澳大利亚莱纳公司在韦尔德山建立选矿厂生产 Weld 稀土精矿，在马来西亚关丹建立稀土冶炼分离厂，一期工程已投产，稀土年生产能力为 1.1 万吨 REO，根据市场需要，二期将扩产至 2.2 万吨 REO。另外，加拿大 Nechalacho、越南都巴奥矿、澳大利亚诺兰矿等实现投产的可能性较大。同时，日、欧与越南、蒙古、南非等国加强合作，拟共同勘探、开发当地的稀土资源，预计未来 2 ~ 3 年国外投产的稀土企业有 5 ~ 6 个，且均以轻稀土矿为主，中国以外的稀土年生产能

力将达到 5 万吨以上。

随着国外稀土资源开采量的加大，未来 3 ~ 5 年，将逐步形成多元化的稀土原料供应格局，国外对中国稀土的依赖度将下降，出口下滑。但目前全球绝大部分稀土矿产品仍会由中国提供，尤其是重稀土，由于国外重稀土储量很少，因此对中国重稀土的依赖程度还很高。短期内中国稀土原料基地的地位难以被替代，在今后的稀土出口市场上，中国要做好稀土资源开发利用战略，加快稀土应用新技术开发，提高稀土产品档次和附加值，开拓高技术、新材料的市场，加大本国稀土出口的调控力度，在国际上赢得更多的主动权和话语权。

第三章 世界主要稀土消费国

稀土市场主要分布在中国、日本，其次是美国、法国、德国、奥地利、韩国和荷兰等地。图 6-6 所示为近年来世界

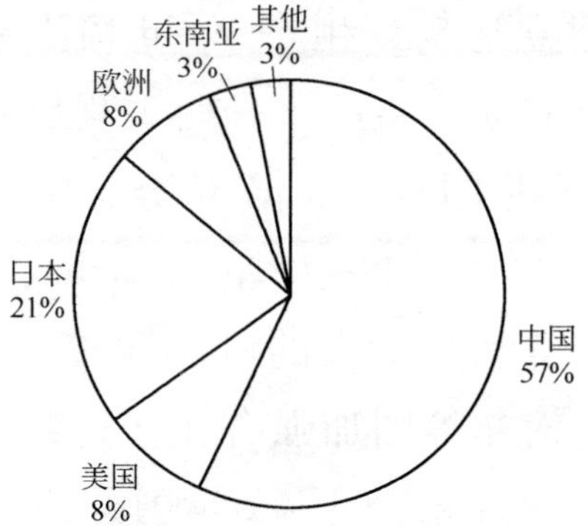

图 6-6 近年来世界稀土消费比例概况

稀土消费比例概况，其中中国为稀土的最大消费国，占世界稀土总消费量的57%；其次是日本，占世界稀土总消费量的21%。

第一节 中 国

随着新材料、高科技的发展，中国对稀土的需求量以每年15%左右的增幅增长，到2011年，全国稀土应用量已增长至8.31万吨REO，是2001年稀土应用量的4.3倍。稀土在传统领域的应用保持了平稳的增长势头，由2001年的1.63万吨增长到2011年的2.81万吨。稀土新材料领域则仍然保持迅猛的发展势头。应用比例由2001年的27.9%激增至2012年的72.1%。稀土永磁材料、稀土发光材料、稀土催化材料和稀土储氢材料仍然是中国稀土应用的重点。

第二节 日 本

日本本身没有稀土资源，日本稀土供给完全依赖从国外进口，但却曾经是世界上最大的稀土消费国。2000年中国稀土消费量超过日本，自此日本一直位居世界稀土第二大消费国。2006年以来，日本稀土市场需求强劲，同时有关企业为应对中国的稀土出口限制，大量增加库存，稀土进口量大幅增加。日本每年消耗稀土总量约3万吨，一些稀有元素的消费量一度占到全球消费量的30%~60%，其中九成以上来自中国。日本稀土消费量最大的是玻璃陶瓷领域，在玻璃行业中，主要有抛光粉和玻璃添加剂。而陶瓷的应用主要为功能陶瓷、多层陶瓷电容器、光纤通信用光效放大器与光隔离器、微波通信中用的微波铁氧体、连接光纤的套圈等。不难看出，日本的稀土消费主要集中在新材料领域。

第三节 美　　国

美国也是世界主要稀土消费国之一。1997 年以前美国一直是世界第一大稀土消费国，每年稀土在各应用领域的总消费量为 2 万吨左右。虽然 2001 年以来美国的稀土消费有下降的趋势，但 2005 年后美国的稀土消费又逐步上涨。2007 年，美国的稀土消费量为 1.02 万吨 REO，约占世界稀土消费总量的 8%。

美国消费稀土最多的领域是催化剂，其次是玻璃陶瓷（包括抛光粉）。据美国地质调查局透露，美国对稀土铈化合物（用于汽车尾气净化催化剂、玻璃抛光和玻璃添加剂）和钇化合物（用于光纤、激光、氧传感器、荧光灯、彩电、电子温度计、X 射线增感屏、颜料、超导体）等稀土产品的需求在增加；对用于永磁体、金属合金、超合金、发火合金、军事等领域的稀土金属与合金的需求量较高，但对生产石油精炼用的裂化催化剂的氯化稀土的需求量却降低。

第四节　欧　　洲

在欧洲，稀土市场主要集中在法国、德国、奥地利、荷兰等国。

欧洲稀土消费量估计约8000t，主要用于汽车尾气净化催化剂和玻璃抛光粉等。1992年欧共体环保法规要求所有新出厂的汽车都必须安装尾气净化催化转化器，因而氧化铈的需求量增长很快。法国罗纳普朗克公司最近几年降低抛光粉的产量，扩大了尾气净化器用氧化铈的生产规模。纳维亚冶金公司是玻璃抛光粉的主要生产厂家。欧洲稀土永磁材料市场与日本有很大不同，SmCo磁体的产量比NdFeB磁体产量高。欧洲50%以上的NdFeB磁体是德国真空熔炼公司生产的。独联体国家生产的稀土产品主要用于出口，最近几年稀土产量仅几千吨（REO），向日本出口1500～2000t。法国罗纳普朗克公司是目前世界上最大的高纯高附加值稀土产品的生产者和出口商。大部分稀土原料从中国进口，分离加工后的稀土产品除供应欧洲市场外，还向日本和美国出口，最近几年，出口到日、美的稀土总量年均约1万吨。2000～2006年期间，欧洲稀土消费量见表6-8。

表6-8　2000～2006年欧洲稀土（REO）消费量　（t）

年　份	2000	2003	2006
催化剂	3500	3500	5000
玻　璃	2500	2500	1000

续表 6-8

年份	2000	2003	2006
抛光粉	2000	2000	1000
冶金	1000	1250	1000
永磁体	750	1000	500
荧光粉	1000	750	500
陶瓷	200	250	500
其他	100	300	250
合计	11050	11550	9750

第五节 东南亚

东南亚地区的稀土需求增长最快，尤其是马来西亚和越南。

日本和东南亚地区玻璃工业的稀土消费量最大，因为全世界50%以上的阴极射线管是在这个地区生产的。在东南亚地区抛光粉应用中稀土消费量也较高。

2011 年，日本和越南领导人同意合作开发越南的稀土资源，日本信越化学工业公司计划在越南新设一家稀土加工厂，从废旧磁石和矿石中提取并精炼钕、镝等稀土产品，主要用于生产混合动力车发动机零部件。新设工厂位于越南北部海防市工业区，面积约 8 万平方米，投资 20 亿日元，预计稀土的年处理能力为 1000t。另外在马来西亚，澳大利亚莱纳公司（Lynas）建造处理 Mt Weld 矿的稀土冶炼厂，一期生产能力为 1.1 万吨，占中国以外全球稀土需求量的三分之一。这些大型稀土企业的入驻，也必将带动越南、马来西亚等东南亚国家稀土产业的发展。

第七篇

稀土行业政策

稀土是不可再生的重要战略资源。中国是全球最大的稀土资源国、生产国、消费国和出口国，中国稀土工业虽然发展很快，取得了显著的成就，但存在着资源保护不力，生产、投资和进出口贸易秩序混乱，环境污染严重，产业结构不甚合理以及应用技术开发落后等问题。

为了有效解决这些问题，扭转国内稀土工业不规范的发展态势，中国政府从 1991 年起陆续出台了一系列关于稀土产业发展的宏观调控政策，通过加强法制建设，规范市场秩序等手段，严格控制稀土开采和生产总量的同时，实施出口与开采、生产、环境等的同步管理。这些政策对规范和引导国内稀土产业的良性发展发挥了重要作用，对稀土产业未来的可持续发展具有深远的影响。

有效保护和合理利用稀土资源，促进稀土行业持续健康发展，对于保护环境，改造提升传统产业、加快培育发展战略性新兴产业，具有十分重要的意义。目前，国内已经颁布的稀土产业政策，作用范围集中在资源开发、投资管理、生产经营、进出口贸易、环境保护等方面。

第一章　稀土行业管理政策

第一节　《国务院关于促进稀土行业持续健康发展的若干意见》

2011年5月10日，国务院出台了《国务院关于促进稀土行业持续健康发展的若干意见》(国发〔2011〕12号)。该《意见》对稀土行业持续健康发展提出以下六点意见：(1)明确指导思想、基本原则和发展目标；(2)建立健全行业监管体系，加强和改善行业管理；(3)依法开展稀土专项整治，切实维护良好的行业秩序；(4)加快稀土行业整合，调整优化产业结构；(5)加强稀土资源储备，大力发展稀土应用产业；(6)加强组织领导，营造良好的发展环境。《意见》要求各有关部门和地方政府统一思想，增强大局意识、责任意识，明确责任分工，正确引导舆论，建立完善协调机制，严格稀土行业准入管理，深入推进稀土资源开发整合，建立起规范有序的稀土资源开发、冶炼分离和市场流通秩序，进一步巩固和发挥稀土战略性基础产业的重要作用，确保稀土行业持续健康发展。

继国务院2011年发布《国务院关于促进稀土行业持续健康发展的若干意见》后，2012年9月再次发布文件《国务院关于促进企业技术改造的指导意见》(国发〔2012〕44号)。该《指导意见》包括促进企业技术改造的总体要求、重点任务、保障措施三方面内容，《指导意见》的发布对推动稀土行业自主创新、加快结构调整、促进产业升级具有重要意义。

以邓小平理论和“三个代表”重要思想为指导，深入贯彻落实科学发展观，以加快转变经济发展方式为主线，《指导意见》明确提出了全面提升工业发展质量和效益的总体要求。企业技术改造工作应紧紧围绕工业发展的新要求，更加注重促进技术创新能力的增强和创新成果的产业化，提升产业核心竞争力；更加注重节能降耗减排污染，促进绿色发展；更加注重信息技术的集成应用，推进信息化与工业化深度融合；更加注重产业公共服务能力建设，夯实产业基础；更加注重产业转移和聚焦发展，优化产业布局。为实现新时期、新形势下对技术改造提出的要求，该《指导意见》提出五项保障措施实现九条重点任务。五项保障措施：强化政策规划引导，加大财政支持力度，完善税收优惠政策，拓宽融资渠道，健全管理机制；九条重点任务：推进技术创新和科技成果产业化，提高装备水平，促进绿色发展，优化产品结构，推进信息化与工业化融合，深化军民结合，促进安全生产，提升产业集聚水平，加强公共服务平台建设。

该《指导意见》是继1982年1月《国务院关于对现有企业有重点、有步骤地进行技术改造的决定》(国发〔1982〕15号）之后30年来又一个以企业技术改造为对象、由国务院发布实施的指导意见，标志着中国企业技术改造工作进入了崭新发展阶段。《指导意见》体现科学发展观的内在要求，是推进工业转变发展方式、实现科学发展的重要举措。

第二节 《稀土企业准入条件》

为有效保护稀土资源和生态环境，推动稀土行业产业结构调整和升级，规范稀土企业生产经营秩序，进一步加强稀土行业管理，2012 年 7 月，依据国务院相关法律法规和产业政策要求，工业和信息化部公布了《稀土行业准入条件》(2012 年第 33 号)。《准入条件》对稀土行业的设立和布局，生产规模、工艺和装备，能源消耗，资源综合利用，环境保护，产品质量，安全生产、职业病危害防治、消防和社会责任，监督和管理等多项指标划定了门槛。该《准入条件》为稀土建设项目进行投资核准（备案）管理、国土资源管理、环境影响评价、信贷融资、安全监管等工作提供标准依据。行业准入条件的实施有利于进一步加强对稀土资源开发、利用和出口的管理与指导，促进产业结构优化升级。

该《准入条件》对稀土矿山开发、冶炼分离、金属冶炼项目的设立做了相关要求规定；对混合型稀土矿山、氟碳铈矿山、离子型矿山等企业生产规模、工艺及装备情况进行规范说明；根据准入条件，各有关部门在对稀土资源冶炼、加工企业进行投资管理、土地供应、环保审批、信贷融资等工作中，对不符合本准入条件的新建和改扩建稀土资源冶炼、加工项目，投资管理部门不予审批、核准和备案，金融机构不得提供贷款和其他形式的授信支持。与此同时，土地管理、城市规划和建设、环境保护、消防、卫生、安监等部门不得办理有关手续。

《稀土行业准入条件》适用于中华人民共和国境内（港、澳、台地区除外）所有类型的稀土矿山开发、冶炼分离和金属冶炼企业。工业和信息化部将定期公告符合准入条件的生产企业名单、不符合准入条件的生产企业名单，达到准入条件要求的企业才能获得出口供货资格和产品出口许可证。工信部负责该《准入条件》的解释并将根据行业发展情况和宏观调控要求，对准入标准进行修订。

为加强稀土行业准入管理，发挥先进企业的示范和引导作用，推进稀土产业结构调整，发挥先进企业的示范和引导作用，推进稀土产业结构调整，依据《稀土行业准入条件》，2012 年 7 月，工业和信息化部制定了《稀土企业准入公告管理暂行办法》(工信部原〔2012〕377 号)。《暂行办法》主要对申请准入公告稀土企业的申请与核实；工业和信息化部对稀土企业准入公告申请材料的复核和公告；各级政府及相关部门对准入公告的稀土企业的监督管理等内容进行规范管理。

第三节 《产业结构调整目录》

2005 年底，国家发改委颁布了《产业结构调整指导目录》(2005 年第40 号)。《目录》列出了稀土产业结构调整的三方面原则：（1）淘汰未经国家主管部门批准、无采矿许可证的离子型稀土采选项目，以及未经国家主管部门批准建设的离子型稀土冶炼项目；（2）限制投资一般的稀土矿山和冶炼项目以及离子型稀土矿原矿池浸工艺项目；（3）鼓励建设稀土深加工及其应用项目。该《目录》通过淘汰、限制落后产能，鼓励发展稀土深加工的方式促进稀土企业进行产业结构调整。

从2005 年下半年开始，国家有关主管部门联合地方政府又以整顿矿山生产秩序、促进环境治理的名义，强力推进稀土企业的环境治理与产业整合。经过艰苦的努力，内蒙古包头地区的稀土分离企业被减少到30 余家；四川冕宁地区的稀土采选企业被整肃为36 家；南方5 省的稀土分离企业被减至20 余家。

在此基础上，2008 年国家又引导部分大型国企参与稀土行业的再次整合，包钢稀土、江西铜业、中国五矿、中色股份以及广晟有色公司等企业纷纷采取了行动，内蒙古、四川、江西、广东等省区的稀土资源整合取得了阶段性成果。

2011 年3 月，国家发展和改革委员会同国务院有关部门对《产业结构调整指导目录（2005 年本)》进行了修订，形成了《产业结构调整指导目录（2011 年本)》，自2011 年6 月1 日起施行。该《指导目录》鼓励高性能纳米硬质合金刀具和大晶粒硬质合金盾构刀具及深加工产品、稀土及贵金属催化材料、低模量钛合金材及记忆合金等生物医用材料、耐蚀热交换器用铜合金及钛合金材料、高性能稀土磁性材料和储氢材料及高端应用；淘汰离子型稀土矿堆浸和池浸工艺、独居石单一矿种开发项目、稀土氯化物电解制备金属工艺项目、氨皂化稀土萃取分离等工艺项目。

第二章 稀土开采、生产经营管理政策

《中华人民共和国矿产资源法》、《中华人民共和国矿产资源法实施细则》、《国务院关于将钨锡锑离子型稀土矿产列为国家实行保护性开采特定矿种的通知》(国发〔1991〕5号)、《国务院关于离子型稀土矿产列为国家实行保护性开采特定矿种的通知》等规定，凡是从事离子型稀土矿产品冶炼及钨加工（含硬质合金）的全民所有制企业，需分别经中国有色金属工业总公司和国务院稀土领导小组审查批准，由国家技术监督局根据批准文件及有关规定颁发生产许可证。《国务院关于将离子型稀土矿产列为国家实行保护性开采的通知》规定，离子型稀土矿产品的国内销售，由国务院稀土领导小组制定指令性计划，统一管理，严禁自由买卖。

《矿产资源开采登记管理办法》（国务院令1998年第241号）四项法律法规中部分条款对稀土资源开采做了相应规定。《矿产资源法》第十六条规定开采国家规划矿区和对国民经济具有重要价值的矿区内的矿产资源，由国务院地质矿产主管部门审批，并颁发采矿许可证；第十七条规定国家对国家规划矿区、对国民经济具有重要价值的矿区和国家规

定实行保护性开采的特定矿种，实行有计划的开采，未经国务院有关主管部门批准，任何单位和个人不得开采。《矿产资源法实施细则》第六条，国家规定实行保护性开采的特定矿种，是指国务院根据国民经济建设和高科技发展的需要，以及资源稀缺、贵重程度确定的，由国务院有关主管部门按照国家计划批准开采的矿种。

2009 年 11 月，为加强对保护性开采的特定矿种勘查、开采的管理，保护中国优势矿产资源，不断提高优势矿产的合理开发利用水平，中华人民共和国国土资源部制定了《保护性开采的特定矿种勘查开采管理暂行办法》(国土资发〔2009〕165 号)。该《暂行办法》对保护性开采特定矿种的勘查、开采管理、开采总量控制指标等内容做了详细规定和说明。

该《暂行办法》规定：对特定矿种的保护性勘查、开采实行统一规划、总量控制、合理开发、综合利用的原则；国土资源部会同有关部门提出保护性开采的特定矿种的设立或撤销名单，经国务院批准后，公布实施；国土资源部负责组织全国保护性开采的特定矿种勘查、开采的监督管理，县级以上地方人民政府国土资源管理部门负责本辖区内保护性开采的特定矿种勘查、开采的监督管理；国土资源部按照矿产资源规划，根据相关产业政策、资源储量变化、市场需求等因素，按年度分矿种下达保护性开采的特定矿种勘查、开采计划，依法设立探矿权、采矿权，并加强监管；保护性开采的特定矿种开采总量控制指标不得买卖和转让。

2012年6月，为有效保护和合理利用稀土资源，保护生态环境，规范稀土生产经营，根据《国务院关于促进稀土行业持续健康发展的若干意见》的要求，国家工业和信息化部研究制定了《稀土指令性生产计划管理暂行办法》(工信部原〔2012〕285号)。该《暂行办法》包括二十一条内容，自2012年6月13日起施行，规定了稀土矿产品和冶炼分离产品的生产，稀土矿产品生产企业的条件、申请过程，工信部等管理部门的管理职责等内容。2012年5月，国家税务总局发布《国家税务总局关于将稀土企业开具的发票纳入增值税防伪税控系统汉字防伪项目管理有关问题的公告》(2012年第17号)。该《公告》对稀土企业开具稀土矿产品、稀土冶炼分离产品的增值税专用发票和增值税普通发票做了相关要求和规定。

第三章 稀土出口管理政策

《中华人民共和国对外贸易法》(主席令十五号，2004年)、《中华人民共和国货物进出口管理条例》(国务院令332号，2001年)、《中华人民共和国海关法》三项法律法规中部分条款对稀土产品出口做了相关规定，商务部、海关总署公布《2012年出口许可证管理货物目录》(商务部、海关总署公告2011年第98号)公布了中重稀土、轻稀土、部分金属及制品的出口名单。《中华人民共和国对外贸易法》第十九条规定国家对限制进口或者出口的货物，实行配额、许可证等方式管理；对限制进口或者出口的技术，实行许可证管理。《中华人民共和国货物进出口管理条例》第四十一条规定出口经营者凭出口配额管理部门发放的配额证明，向海关办理报关验放手续。国务院有关经济管理部门应该及时将年度配额总量、分配方案和配额证明实际发放的情况向国务院外经贸主管部门备案。《中华人民共和国货物进出口管理条例》第六十五条规定擅自超出批准、许可的范围进出口或者出口属于限制进出口的货物的，依照刑法关于走私罪或者非法经营罪的规定，依法追究刑事责任；尚不够刑事处罚的，依照海关法的有关规定处罚；国务院外经贸主管部门并可以暂停直至撤销其对外贸易经营许可。

中国政府为了保护国内稀土资源，一方面，对稀土产品出口实行出口配额许可证管理，该管理政策从 1999 年起开始执行，自 2007 年开始对稀土矿产品和冶炼分离产品生产实行指令性计划管理，统筹考虑国内外市场情况、资源环境承载能力，合理确定年度稀土出口配额总量，基本满足国际市场需求，防止市场大幅波动。完善出口配额分配方式，细化稀土产品税则号和海关商品编码，将稀土产品列入法定检验目录。

另一方面，国家加强了对稀土产品出口的控制。自 2004 年，稀土出口配额总量呈现下降趋势，近两年，稀土出口配额量较稳定，2008 ~2013 年中国稀土出口配额情况如图 7-1 所示。中国政府明确指出工业和信息化部为中国稀土产业主要的政策制定者和监管者，其他相关部门在工信部的统筹协

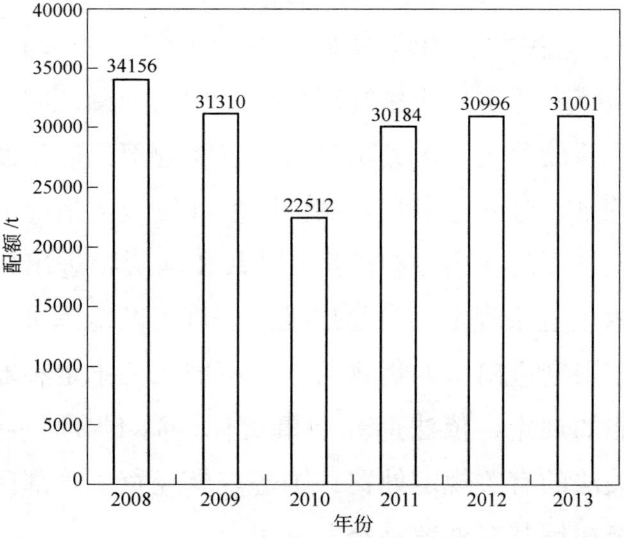

图 7-1 2008 ~2013 年中国稀土配额情况统计

调下，开展对稀土行业的管理。根据工业和信息化部的相关规划，未来6年中国稀土出口配额的总量，将控制在3.5万吨/年以内，初级材料仍被禁止出口。国家限制稀土初级产品的出口，对稀土初级产品的出口采取配额许可证管理，配额总量逐年减少。对可出口的稀土产品，将进一步进行细分管理，严禁出口镝、铽、铥、镥、钇等稀土金属。从2005年起，取消了稀土初级产品的出口退税，并逐步增加出口关税税率，目前稀土初级产品的出口关税税率为15% ~25%。由于稀土各元素间开采和冶炼加工模式、生产过程对环境的污染程度以及各自的用途等存在较大差异，为进一步提高政策的科学性和针对性，更好地保护资源和环境，商务部在下达2012年第一批出口配额时，对轻稀土和中重稀土分类下达配额指标。

2011 年 5 月，为加强和规范稀土出口管理，商务部、海关总署发布《关于将稀土铁合金纳入稀土出口配额许可证管理的公告》(2011 年第 28 号)。该《公告》指出出口海关商品编号 7202999100“其他按质量计稀土元素总含量大于 10% 的铁合金”的企业，应该符合稀土出口配额申领条件并获得稀土出口配额，按照《货物出口许可证管理办法》（2008 年商务部第 11 号令）和《2011 年出口许可证管理货物目录》(商务部、海关总署 2010 年第 108 号公告）有关规定，向商务部配额许可证事务局或驻各地特派员办事处申领出口许可证。企业持出口许可证向海关办理通关手续。

第四章　稀土环境保护政策

环境与发展是当今国际社会普遍关注的问题。保护环境，实施可持续发展战略是当今世界的共识。稀土资源开发利用在造福社会的同时，也带来了资源和环境诸多问题。中国政府高度重视在开发利用稀土资源过程中的环境保护和污染防治，不断完善法律法规，提高行业准入门槛，对稀土资源实施严格的保护性开采政策和生态环境保护标准，明确稀土矿山和冶炼分离企业的产品质量、工艺装备、生产规模、能源消耗、资源综合利用、环境保护、清洁生产、安全生产和社会责任等方面的准入要求，实行稀土资源开发利用与环境保护治理协调发展。

为贯彻《中华人民共和国环境保护法》、《中华人民共和国水污染防治法》、《中华人民共和国大气污染防治法》、《中华人民共和国海洋环境保护法》、《国务院关于落实科学发展观加强环境保护的决定》等法律、法规和国家加强重金属污染防治工作的有关要求，保护环境，防治污染，促进稀土工业生产工艺和污染治理技术的进步，2011 年 1 月环保部正式发布了《稀土工业污染物排放标准》(GB 26451—2011)，自 2011 年 10 月 1 日起实施，现有企业自 2012 年起实施，自 2014 年 1 月 1 日起，所有企业执行新建企业污染物排放浓度限值。自标准实施之日起，稀土工业企业的水和大气污染物排放标准按规定执行，不再执行《污水综合排放标准》(GB 8978—1996)、《大气污染物综合排放标准》(GB 16297—1996) 和《工业窑炉大气污染物排放标准》(GB 9078—1996) 中的相关规定。《稀土工业污染物排放标准》的制定对保护环境、防治污染、节能减排、调整产业结构、优化生产工艺具有重要作用，同时对进一步保护国家稀土战略资源具有战略意义。

第五章 稀土标准体系

中国稀土行业标准体系由 165 项国家标准和 64 项行业标准构成，对稀土矿开发开采、冶炼分离、材料生产过程中的相关参数指标做了规范说明。通过对稀土行业生产、贸易、稀土材料应用的规范，该标准体系推动我国稀土行业向健康稳定的方向发展。标准体系的建立加快了我国从稀土大国到稀土强国的转变，现行有效稀土标准名录（截至 2014 年 3 月底）见附录一。

我国稀土标准体系分类具体如下。

第一节　基础标准

基础标准是指在一定范围内作为其他标准的基础并普遍使用，具有广泛指导意义的标准。我国现有稀土国家、行业基础标准 4 项，标准名称分别为：《稀土术语》、《稀土产品牌号表示方法》、《稀土冶炼产品能耗》、《稀土工业污染物排放标准》。其中，《稀土冶炼产品能耗》为行业标准，其余均为国家标准。

第二节　产品标准

稀土产品，包括稀土矿产品、稀土金属及氧化物、稀土盐类、稀土合金以及稀土新材料等。

一、稀土矿产品

我国稀土矿源已建立了相应国家标准和行业标准，包括《高稀土铁矿石》、《磷钇矿精矿》、《独居石精矿》、《氟碳铈镧矿精矿》、《稀土高渣》等。

二、稀土金属及氧化物

稀土金属和稀土氧化物是最重要的稀土产品。稀土氧化物产品除钷外均已经建立国家或行业标准，所有实现规模化生产的稀土金属，除铕、钬、铒、铥、镱、镥外，也已建立了相应的国家或行业标准。

三、稀土盐类

稀土盐类主要包括碳酸盐、氯化盐、硝酸盐三大类。

碳酸稀土和氯化稀土是稀土工业中最主要的两种初级产品，应用广泛。碳酸盐的国家标准包括《碳酸轻稀土》、《碳酸铈》等。氯化稀土是生产单一稀土的主要原料之一，标准包括《混合氯化稀土》等。硝酸盐包括硝酸铈、硝酸稀土植物生长调节剂及硝酸铈铵，标准名称为《农用硝酸稀土》。

四、稀土合金

稀土铁合金的标准包括《稀土硅铁合金》、《稀土镁硅铁合金》、《镝铁合金》、《钆铁合金》等；稀土镁合金的标准包括《钕镁合金》、《钇镁合金》等；稀土有色金属合金的标准包括《铝钪中间合金》；稀土合金的标准包括《镨钕合金》、《镨钕镝合金》等。

五、稀土新材料

稀土新材料标准体系包括稀土功能材料标准、综合标准和推荐性标准。其中稀土功能材料标准包括磁性材料标准、发光材料标准、催化材料标准、储氢材料标准。

第三节　分析方法标准

方法标准应当与产品标准匹配。稀土国家和行业标准包括化学分析标准和物理性能测试标准两类，其中化学分析标准又分为综合分析标准及专门分析标准。

一、综合分析标准

综合分析标准主要包括对稀土金属及其氧化物中非稀土杂质的分析方法——《稀土金属及其氧化物中非稀土杂质化学分析方法》，对单一和混合稀土金属及其氧化物、氢氧化物、氟化物、氯化物、碳酸盐、硝酸盐、离子型稀土矿混合稀土氧化物中稀土总量的分析方法——《稀土金属及其化合物中稀土杂质化学分析方法标准》。

二、专门分析标准

专门分析标准是指专门针对特殊稀土产品而制定的分析方法标准，主要包括《稀土硅铁合金及镁硅铁合金化学分析方法》、《离子型矿混合稀土氧化物化学分析方法》、《稀土抛光粉化学分析方法》等。

三、物理性能测试标准

物理性能测试标准包括《灯用稀土三基色荧光粉试验方法》(6 项)、《稀土抛光粉物理性能测试方法》、《稀土金属及其化合物物理性能测试方法》等 9 项国标。其中《灯用稀土三基色荧光粉试验方法》为 2010 年版本，其余方法均为 2006 年和 2007 年的版本。

第四节　稀土标准样品

目前，我国稀土产品包括 13 项国家标准样品。随着稀土行业的发展，稀土产品在各个领域中的应用越来越广泛，对稀土产品的质量及产品分析数据的准确性要求也越来越高，标准样品的建立不仅使稀土产品中的分析检测准确度得以提高，同时也是考察各实验室所出具数据的准确性、公正性与权威性的可靠依据。这些标准样品的建立加快了我国稀土标准化体系建设，提高了我国稀土工业的整体水平和国际竞争能力。

第八篇

世界主要稀土企业

第一章 国内外主要稀土冶炼分离生产企业

第一节 中国主要稀土冶炼分离生产企业

经过几十年的发展，中国的冶炼分离技术取得了举世瞩目的成就，大大小小稀土冶炼分离企业上百家。在国家出台关于稀土各项政策的大力扶持下，随着中国稀土产业结构的调整，地方国企和央企等对这些冶炼分离企业进行了大幅整合，逐渐形成了一批重要的骨干企业，巩固了中国在稀土冶炼分离领域的优势。

由工业和信息化部牵头制定的稀土大集团方案，2014年刚刚获得国务院批复同意，按照方案内容形成“1＋5”的格局，即6大稀土集团，包括包钢稀土组建成立的北方稀土集团，中国五矿和中国铝业两大央企以及赣州稀土、广晟有色、厦门钨业等三家地方稀土集团。

一、中国稀有稀土公司

中国稀有稀土公司隶属于中国铝业公司，拥有稀土运营资产超过34亿元，拥有探矿权及采矿权的稀土矿资源量、稀土分离能力合计超过3万吨/年，已逐步形成了以广西、广东等省为基础的资源保障基地，以广西、广东、江苏三地分离企业为基础的分离冶炼基地的产业布局。

目前，中国铝业旗下已拥有中铝广西有色稀土开发有限公司、中铝稀土（江苏）有限公司、中铝清远稀土有限公司和中铝四川稀土公司等多家稀土研发、生产企业。其中中铝广西有色稀土开发有限公司是广西境内稀土资源整合、产业发展的首要平台，也是中铝公司全力打造的稀土业务板块的运营中心，拥有中铝广西国盛稀土开发有限公司等五家控股实体企业和两家全资子公司，拥有广西唯一的稀土采矿证和年产9000t的冶炼分离生产能力，产业覆盖稀土矿山开采、稀土分离、钕铁硼永磁材料等。中铝稀土（江苏）有限公司是由中铝公司与江苏省5家获得指令性生产计划指标的稀土分离企业及一家贸易公司共同成立，主要经营稀土氧化物及化合物、稀土磁性材料、稀土金属、稀土发光材料、纳米稀土材料的研发、生产和销售。未来中国铝业将是中国稀土行业乃至世界稀土行业的重要力量。

二、五矿稀土股份有限公司

五矿稀土股份有限公司（简称五矿稀土）隶属于中国五矿集团公司。成立于2008年10月，注册资本金8.37亿元，是由世界500强企业——中国五矿集团旗下的五矿有色金属股份有限公司为主发起人，联合赣县红金稀土有限公司和定南大华新材料资源有限公司原股东共同发起设立，集稀土开采、稀土分离及稀土深加工于一体的股份制稀土企业集团。2013 年借壳上市，上市总资产为 24 亿元。2013 年营业收入 15 亿元左右，利润 2.3 亿元。

目前，五矿稀土共有 8 家子公司，员工近千人，稀土分离能力达每年 19000t。主要从事稀土氧化物、稀土金属、稀土深加工产品经营及贸易以及稀土技术研发、咨询服务。公司主导产品包括高纯的单一稀土氧化物及稀土共沉物产品，其中 80% 以上的产品纯度大于 99.99%，高纯氧化镧、高纯氧化钇等部分稀土氧化物纯度可达 99.9999% 以上。

三、内蒙古包钢稀土（集团）高科技股份有限公司

内蒙古包钢稀土（集团）高科技股份有限公司（简称包钢稀土）前身成立于 1961 年。1997 年 9 月，由包钢（集团）公司、香港嘉鑫有限公司、包钢综企（集团）公司共同发起设立的股份制公司，同年在上海证券交易所上市。目前，包钢稀土是中国乃至世界最大的稀土生产、科研、贸易基地，是稀土行业的龙头企业，全面掌控北方轻稀土资源，现有员工 1 万余人。截至 2012 年末，公司总资产约 176.50 亿元，净资产约 67.20 亿元。2013 年营业收入 84.72 亿元，利润 15.74 亿元。

包钢稀土依托白云鄂博稀土矿山，建有稀土选矿、冶炼分离、深加工、应用产品、科研等完善的稀土工业体系，能够生产稀土原料（精矿、碳酸稀土、氧化物与盐类、金

属）、稀土功能材料（抛光材料、储氢材料、磁性材料、发光材料、催化材料）、稀土应用产品（镍氢动力电池、磁共振仪）等门类齐全的64个品种、130多个规格稀土产品。

四、赣州稀土集团有限公司

赣州稀土集团有限公司（简称赣州稀土）前身为赣州稀土发展控股有限公司，成立于2010年11月，2011年12月更名为赣州稀土集团有限公司。2013年3月30日，赣州稀土集团举行了正式的揭牌、挂牌仪式。集团注册资金5亿元，现有资产总额达到23亿元，净资产12亿元，资源价值数百亿元，初步构建了集稀土开采、冶炼分离、加工、贸易、研发于一体的完整产业链。

赣州稀土拥有赣州稀土矿业有限公司、江西离子型稀土工程技术研究有限公司等8家全资及控股公司，已初步实现稀土开采和冶炼分离“双环节、全覆盖”，已经成为具有完整产业链功能的大型稀土企业集团。核心子公司赣州稀土矿业有限公司是赣州稀土的唯一采矿权人。

未来集团将重点发展稀土磁性材料及永磁电机；稀土发光材料、新能源及应用元器件；稀土功能陶瓷、催化抛光等新材料及应用；稀土储氢材料及动力电池和储氢系统等应用；矿山的绿色提取，高效清洁、超高纯分离和二次资源综合回收利用。作为南方稀土整合的重要力量，赣州稀土未来将建设成为全国重要的稀土产业基地、稀土产学研合作创新示范基地和南方离子型稀土战略资源储备基地。

五、广晟有色金属股份有限公司

广晟有色金属股份有限公司（简称广晟有色）是2002年3月经广东省广晟资产有限公司批准成立的国有全资企业，注册资本金5000万元，总资产近20亿元，职工4000多人，是中国境内上市企业。主导产业有钨业、稀土业、铜业和银锡业四大产业。广晟有色拥有广东省全部4本稀土采矿许可证，是广东省稀土矿、冶炼分离及下游产业链的整合平台。

广晟有色拥有国内生产冶炼技术一流的广东富远稀土新材料公司及龙南县和利稀土冶炼公司等6个稀土企业。目前，拥有年产15000t中重稀土的分离能力，掌握国内离子型稀土分离先进的生产技术。产业链完善，建有采矿、选矿、冶炼分离、精深加工、科研应用、贸易流通及进出口一条龙稀土产业体系。科技创新优势明显，设有省部级稀土稀有金属研究院、稀土新材料研究中心2个。

六、厦门钨业股份有限公司

厦门钨业股份有限公司（简称厦门钨业）前身为厦门氧化铝厂，始建于1958年，1984年更名为厦门钨品厂，1997发起整体改制于2000年成立厦门钨业股份有限公司，2002年11月7日，公司在上海证券交易所上市。厦门钨业是世界上规模最大的钨冶炼生产厂商，2006年涉足稀土领域后，目前已形成“稀土资源开发—分离冶炼—储氢合金、荧光粉及稀土永磁等稀土深加工产品生产”的全产业链。

厦门钨业拥有福建省长汀金龙稀土有限公司、福建省三明金明稀土有限公司、龙岩市稀土开发有限公司等 14 个子公司。长汀金龙稀土公司主要从事冶炼分离产能和稀土特种金属及合金生产；三明金明稀土有限公司主要从事稀土分离和深加工业务。目前，公司建成了包括稀土储氢合金、稀土发光材料、稀土磁性材料、稀土研发中心共四条稀土生产研发线。现已具有 5000t 15 种稀土分离、2000t 稀土金属、2000t 高纯稀土氧化物、1600t 三基色荧光粉生产线、6000t 钕铁硼磁性材料生产线，装备水平居国内领先，前后已累计投资 20 亿元。

该公司作为钨业龙头、稀土新贵，成功领衔了福建省稀土整合，并立足资源平台致力于发展成为稀土行业中拥有完整产业链，产值超 200 亿元的稀土龙头企业。未来将引领稀土产业发展格局，发展为具有国际竞争力的稀土龙头企业。

七、有研稀土新材料股份有限公司

有研稀土新材料股份有限公司（简称有研稀土）前身可追溯至 1958 年，是中国最早从事稀土研究开发的单位之一。2001 年，由北京有色金属研究总院作为主发起人对稀土材料国家工程研究中心进行整体改制而设立的股份公司。有研稀土主要从事稀土及其相关材料的研究、开发与生产，拥有从稀土矿山到稀土功能材料的完整产业链。

有研稀土现有员工 500 余人。其中，中国工程院院士 1

名、教授级高级工程师15人、高级工程师、工程师及技师65人，17人具有博士学位，52人具有硕士学位。有研稀土除北京本部外，拥有江苏省国盛稀土有限公司、乐山有研稀土新材料有限公司、廊坊关西磁性材料有限公司、中铝广西有色稀土开发有限公司四个子公司。北京本部主要生产稀土金属、稀土特种合金、稀土发光材料及磁性材料等；江苏省国盛稀土有限公司主要从事稀土分离提纯，生产各种稀土氧化物及盐类；乐山有研稀土新材料有限公司主要生产稀土金属及合金；廊坊关西磁性材料有限公司主要生产钕铁硼材料；中铝广西有色稀土开发有限公司作为广西稀土资源开发和产业发展的首要平台，在崇左、贺州等地拥有稀土矿山和生产企业。目前，有研稀土各类稀土产品年总生产能力超过10000t，产品60%以上出口日本、欧美、韩国等。

稀土材料国家工程研究中心是有研稀土的研发核心，其前身是北京有色金属研究总院稀土研究所，50多年来，自主研发了400余项稀土冶炼、分离提纯、稀土金属及合金以及稀土功能材料的先进技术，申报稀土发明专利318项（国外发明专利64项），获得授权发明专利154项（国外发明专利18项）；获得国家及省部级科技奖136项；向国内稀土企业转让技术成果70多项150余次，研究成果广泛应用于工业生产，为中国稀土工业体系的建设和发展作出了突出贡献。

八、中国有色金属建设股份有限公司

中国有色金属建设股份有限公司（简称中色股份）是

1983年经国务院批准成立，主要从事国际工程承包和有色金属矿产资源开发。目前，中色股份旗下有蒙古鑫都矿业有限公司、赤峰中色库博红烨锌业有限公司、广东珠江稀土有限公司（简称珠江稀土）、中色机电设备有限公司、中色安厦物业公司、中色国际氧化铝开发有限公司、四川泸州黄浦电力有限公司等近10个控股公司，涉及矿业、冶炼、稀土、能源电力等领域。

其中，下属的珠江稀土是中国华南地区最早从事稀土元素分离的外向型企业，拥有先进的串级萃取分离技术和设备。年分离南方离子型稀土矿3000t，主要产品包括氧化铕、氧化钇铕以及镧、镨、钕的氧化物等。

九、中国稀土控股股份有限公司（原宜兴新威集团公司）

宜兴新威集团公司始建于1984年，2000年12月更名为中国稀土控股股份有限公司（简称中国稀土），是一家大型跨区域运作的公司，总部注册地在香港，且在香港联交所挂牌上市，作为民营企业，在中国稀土冶炼分离行业中具有重要的地位。中国稀土自上市以后，步入了以资本经营为前导、以富有市场发展前景的产品经营为支撑的可持续发展的快车道。目前，中国稀土拥有以稀土、耐火材料两大主业，下辖专业化分工明确的六家具有独立法人资格的全资或控股子公司。

中国稀土不断巩固其在中国稀土行业的地位，2011年，与中色股份合资成立中色稀土集团（广东）有限公司，包括下属的企业新威利成稀土有限公司，合计稀土分离冶炼能力超过1万吨；另外，与德国欧司朗半导体合资成立的公司，积极拓展稀土深加工领域，其规划稀土三基色荧光粉年生产能力1200t。

十、甘肃稀土新材料股份有限公司

甘肃稀土新材料股份有限公司（简称甘肃稀土）成立于1969年，是我国稀土工业的奠基型企业之一。2003年5月，由甘肃稀土集团有限责任公司的控股子公司——甘肃稀土集团金熊猫稀土有限责任公司作为主发起人，联合7家股东设立的股份公司。甘肃稀土现有员工1500多人，其中技术人员200多人。

甘肃稀土是中国从事稀土矿冶炼、分离及应用产品生产规模最大的稀土生产企业之一，稀土生产技术主要来自北京有色金属研究总院。甘肃稀土是集稀土冶炼、分离、产品深加工于一体的中国稀土行业优势企业。具有年处理稀土精矿3万吨的稀土冶炼分离能力，氯化稀土分组及转型能力达2万吨，可为各类客户提供氯化稀土类产品、各种混合、单一稀土氧化物产品、稀土氟化物产品、各种稀土盐类产品、稀土金属类产品、稀土抛光材料、稀土储氢材料、稀土磁性材料，稀土荧光材料等9大系列80多个品种200多个规格的产品。所拥有的“熊猫牌”注册商标是中国稀土行业驰名商标和甘肃省著名商标，公司拥有自营进出口经营权，产品不仅在国内畅销而且还远销日本、美国、法国、德国、西班牙等20多个国家和地区。此外，甘肃稀土拥有大型省级企业技术中心和甘肃省稀土材料工程技术研究中心，技术开发能力雄厚。

十一、赣州虔东稀土集团股份有限公司

赣州虔东稀土集团股份有限公司（简称虔东稀土）成立于1988年，是一家从事稀土材料生产加工的高新技术企业。虔东稀土由13家子公司组成，地跨赣粤闽三省。总资产8亿元人民币，现有员工2000余人，其中技术人员100多人。虔东稀土已形成全国独特的从稀土开采、稀土分离到稀土深加工的稀土产业链，建立了完整的科研、试验、生产、检测体系，拥有国内先进水平的稀土氧化物、稀土金属、稀土合金、稀土荧光材料、稀土磁性材料、稀土陶瓷材料生产线。

作为民营企业，虔东稀土不仅规模较大，同时在中国稀土行业中有较强的竞争力，2011年，实现销售收入约48亿元，已成为国内稀土行业具有影响力的现代化大型综合稀土企业集团。

十二、赣州晨光稀土新材料股份有限公司

赣州晨光稀土新材料股份有限公司（简称晨光稀土）最早成立于1997年，是一家专业生产各种稀土氧化物、稀土金属、混合稀土金属、稀土合金系列产品的稀土配套产业企业。晨光稀土拥有集稀土“采、选、冶、收”为一体的

较为完整的产业链，是目前国内冶炼、分离技术最先进的企业之一。现下属企业有全南县新资源稀土有限责任公司、赣州步莱铽新资源有限公司、赣州格瑞特永磁科技有限公司等。

晨光稀土现有员工1000余人，拥有近400名大中专以上专业技术及管理人员。十几年来，晨光稀土依靠先进的管理和技术、可靠的产品质量、稳定的供货能力、灵活的经营方式、合理的价格和完善的售后服务，产品长期出口至日本、美国、欧洲等国家和地区。晨光稀土为民营企业，在中国稀土行业是一支不可忽视的重要力量。

第二节 国外主要稀土冶炼分离生产企业

由于中国在世界稀土冶炼分离领域占有举足轻重的地位，因此，国外稀土冶炼分离生产商无论从规模上，还是从数量上都相对较小，其中三家国外公司颇具规模。

一、比利时索尔维（Solvay）

索尔维公司的前身是法国罗地亚公司（Rhodia，原法国罗纳-普朗克（Rhone-Poulenc）公司），其主要生产厂位于法国拉罗歇尔。1990年以前，以澳大利亚独居石矿为原料，采用烧碱分解—硝酸溶解—TBP萃取分离铀、钍和稀土。由于独居石矿中放射性元素铀、钍含量高，防护及环保成本高，于20世纪90年代停止处理独居石，改用包头混合碳酸稀土为原料，经过硝酸溶解后进行萃取分离生产高纯稀土化合物，2005年后，萃取分离部分停产。

法国罗地亚公司20世纪90年代末在中国建立了2个稀土冶炼分离厂分别是包头罗地亚稀土有限公司和溧阳罗地亚稀土新材料有限公司。罗地亚在中国的两家合资企业的总的年生产能力达到1.5万吨REO。表8-1列出了罗地亚经营的稀土分离和深加工厂家，该公司稀土生产工艺的灵活性能使其处理各种稀土矿，目前90%的稀土原料来自中国。

表8-1　罗地亚经营的稀土处理厂

工　厂	领　域	主要产品
法国拉罗歇尔厂	分离及深加工	稀土盐和氧化物，抛光粉，催化剂
日本阿南化成厂	深加工	稀土盐和复合氧化物
包头罗地亚	分　离	抛光粉
溧阳罗地亚	分　离	稀土盐、单一和复合氧化物、铈锆催化助剂
美国弗里波特厂	深加工	高级陶瓷和催化剂前驱体

二、美国钼公司（Molycorp）

美国钼公司是美国加州联合石油公司的全资子公司，是除中国之外的世界最大稀土矿拥有者，是美国唯一一家拥有从稀土矿到稀土磁体生产供应链的企业，在美国、欧洲、日本设有办事机构。

1949年，在芒廷帕斯发现了氟碳铈矿型稀土资源。1952年，美国钼公司开始稀土生产。1965年，彩电用红色荧光粉氧化钇铕的成功开发和应用，拉动了对高纯氧化铕的需求，钼公司建立了铕分离提纯厂。1981年，钼公司又建设了新的轻稀土分离线。1998年，由于废水带来的环保问题，稀土分离厂停产，随着环保和生产成本的增加，于2002年停止了采矿作业，选矿厂的尾矿坝区在服务了30年后关闭。2004年，钼公司获得30年采矿计划许可。2007年，全球稀土价格回升，钼公司镨钕萃取分离生产线重新启动，使用库存的原料生产。2010年底，又恢复了矿山的开采。2011年开始采用NaOH皂化萃取分离工艺扩建稀土生产线，NaCl废水采用电解法制备NaOH和HCl。工厂的现代化建设和扩建工作完成后，每天可以处理（采矿、破碎、选矿和分离）2000t稀土矿石，生产满足工业标准纯度要求的单一稀土氧化物。扩产计划分为两个阶段，第一阶段年产能19050t REO，2015年下半年启动第二阶段，根据市场需求将公司年产能提高至40000t REO。

近年来，钼公司推出了“从采矿到磁体”产业链延伸战略，不断向金属、合金和磁体的下游产业发展，已并购了日本三德凤凰城合金工厂、加拿大NEO公司，产品品种和规模大幅增加。

三、澳大利亚莱纳（Lynas）公司

澳大利亚韦尔德山稀土矿中主要矿物为独居石，但其铁含量高，放射性钍、铀含量远远低于广泛应用的独居石。2001年，莱纳公司获得了韦尔德山稀土矿权权益。2007年，莱纳公司决定将选矿厂建在韦尔德山，2011年5月，韦尔德

山选矿厂首次进料，开始处理韦尔德山稀土原矿生产稀土精矿，至2012年1月共生产7000多吨稀土精矿。该精矿出口至马来西亚关丹市的新材料厂进行冶炼分离生产各种稀土化合物产品。

马来西亚关丹新材料厂采用与包头混合型稀土矿相同的高温硫酸化焙烧工艺冶炼分离韦尔德山稀土精矿。马来西亚新材料厂原计划2012年第二季度实现回转窑的首次进料生产，但由于环境问题遭到当地居民反对，开工投产日期一再拖延。2012年，马来西亚政府同意并颁发了生产许可证（2年期限），并于2013年1月湿法冶炼分离设备成功试车，2013年2月生产出第一批稀土产品。一期工程稀土年分离产能为1.1万吨REO，根据市场需要，二期将扩产至2.2万吨REO。主要产品为碳酸铈、碳酸镧、碳酸铈/镧、钕/镨氧化物和重稀土。

第二章 国内外主要稀土永磁材料生产企业

稀土永磁已成为最具有中国资源特色，且在稀土领域中发展最快、所占比重最大的高新材料产业。目前，全球稀土永磁材料主要由中国与日本生产。2011年，烧结稀土永磁材料产量约9.5万吨，粘结稀土永磁材料产量约6600t，其中中国约占总产量的80%，日本约占20%。

第一节 中国十大稀土永磁材料生产企业

在中国永磁材料中，烧结稀土钕铁硼永磁产业经过十几年的发展已具备相当的规模，截至2011年底，全国烧结钕铁硼生产企业有200家左右，其中年产3000t以上的有7家，年产量在1000～3000t的企业约25家。从分布来看，已经形成了以沪浙、京津、山西、包头地区为主的四大产业基地。具有代表性的烧结稀土钕铁硼永磁材料企业主要有中科三环、宁波韵升、天津天和、浙江英洛华、安泰科技、中磁科技、江西金力、烟台首钢和烟台正海等企业。国内粘结稀土钕铁硼永磁材料企业主要有上海爱普森、安泰科技、成都银河等。

一、北京中科三环高技术股份有限公司

北京中科三环高技术股份有限公司（简称中科三环）前身成立于1985年。1999年，中科三环由北京三环新材料高技术公司作为主发起人，联合美国TRIDUS公司、宁波电子信息集团有限公司、台全（美国）公司、宁波联合集团股份有限公司和联想集团控股公司共同发起设立的股份公司。

目前，中科三环是中国最大的钕铁硼永磁材料生产企业，在中国永磁行业有着重要的地位，主要从事磁性材料及其应用产品研发、生产和销售，现有烧结钕铁硼年产能约

1.2万吨。中科三环有日立金属和麦格昆磁的钕铁硼专利授权许可，其专利产品通过北京中科三环国际贸易公司以“SANMAG”商标远销世界各地。同时，中科三环还参股两家上游原料企业，确保了稀土原材料的稳定供应；在下游产业控股南京大陆鸽高科技股份有限公司，主要生产由钕铁硼稀土永磁电机驱动的绿色环保电动自行车。中科三环不断快速发展，正在成为世界一流磁性材料和器件的供应商。

二、宁波韵升股份有限公司

宁波韵升股份有限公司（简称宁波韵升）前身成立于1995年，是一家国家级重点高新技术企业、全国电子信息百强企业、博士后科研工作站设站单位，下辖宁波韵升高科磁业有限公司、宁波韵升电机有限公司、日兴电机工业株式会社、宁波韵升高新技术研究院等10余家科研、生产和经营性子公司。

钕铁硼永磁材料是宁波韵升的主导产品，具备年产7000t以上烧结钕铁硼磁钢的生产能力，是国内主要的磁性材料供应商之一。1996年3月，宁波韵升开始生产钕铁硼，十几年来，公司不断加大技术创新力度，不断改进烧结钕铁硼材料的工艺与设备，使产品的质量和性能得到了很大的提高。至今，公司依靠自主研发拥有了10多项专利，并承担了2个国家“863”项目，“高性能烧结钕铁硼永磁体的研制”还荣获浙江省科学技术一等奖。同时，宁波韵升还积极参与国家西部大开发战略，在稀土原材料基地包头市设立中、高档钕铁硼生产基地，进一步提高了企业的市场竞争力。

三、天津天和磁材技术有限公司

天津天和磁材技术有限公司（简称天和磁材）创立于1988年9月，专业研发、生产高性能烧结钕铁硼永磁材料，总产能超过1万吨。天和磁材由太原天和、天津天和和包头天和三个公司组成。

天和磁材拥有先进的生产技术，具有高端产品的生产和研发能力、关键设备的设计制造能力和较大的企业生产规模。产品种类齐全，产品性能和产能均处于行业领先水平。在钕铁硼新材料行业，天和磁材在不断快速发展壮大的过程中，形成了技术、产品、规模、产业链整合四大核心优势。其高性能钕铁硼产品主要应用于风力发电直流电机、变频空调压缩机、混合动力汽车、纯电动汽车、电梯曳引机、航空航天、计算机VCM、医疗MRI等高科技领域。

四、浙江英洛华磁业有限公司

浙江英洛华磁业有限公司（简称浙江英洛华）前身成立于1986年，是一家集研发、生产、销售为一体的国家级高新技术企业，专业生产高性能烧结钕铁硼、粘结钕铁硼等稀土永磁产品。浙江英洛华拥有三个生产基地，年生产烧结、粘结钕铁硼能力约6500t。

浙江英洛华是同行业品种最齐、生产规模最大、产品性能最高的生产基地之一。该公司十分重视产、学、研、销一体发展，并加大科技开发投入，用技术创新优势逐鹿市场。“七五”期间主动承担省级“星火计划”项目的开发；“八五”期内已先后开发成功“高工作温度”钕铁硼磁体、“高矫顽力低温度系数”钕铁硼磁体和J408钕铁硼棉毛机磁钢等省级新产品；“九五”期间又开发成功省级新产品“粘结钕铁硼”磁体产品和N45、N38SH、N40SH磁体省级新产品。公司先后荣获全国“七五”星火成果博览会金奖、浙江省星火集体三等奖和金华市科技进步一等奖、四等奖，1994年至今资信等级被评为AAA级，1998年6月1日通过ISO 9001质量体系国际标准认证和2000版的换证。1999年被列为东阳市“朝阳”企业，2001年6月被评为金华市高新技术企业。如今，英洛华的产品N45、N38SH、N40SH被列为省级科技项目新产品。此外，该公司还和国内大专院校和科研机构进行技术联合，开发新产品。最近，浙大-英洛华新材料研发中心挂牌成立，标志着该公司的产品科技创新实现了里程碑式的跨越。

五、安泰科技股份有限公司

安泰科技股份有限公司（简称安泰科技）成立于1998年12月，是以中国钢研科技集团有限公司为主要发起人，联合清华紫光（集团）总公司等单位发起成立的高科技股份有限公司，是国家科技部及中科院联合认定的国家高技术企业，也是被北京市科学技术委员会认定的骨干高新技术企业。

安泰科技以先进金属材料为主导产业，在磁性材料及制品方面，其烧结钕铁硼和粘结钕铁硼均可以为全球高端客户提供优秀的解决方案。多年来，为中国国民经济发展、国防建设和航天航空事业的发展作出了重要贡献。安泰科技拥有一支由7名中国工程院院士、60余位博士为核心的研发团队。安泰科技荣获国家发明奖、国家科技进步奖及省部级以上奖励59项，全国科技大会奖42项，授权专利203项。安泰科技企业技术中心是首批国家认定企业技术中心，设有3个国家级、9个省、市级工程技术研究中心、实验室和博士后科研工作站，并与清华大学、浙江大学、中科院等高校、科研院所及海外知名企业建立了“先进材料研究与开发战略合作”伙伴关系。公司承担并建设完成多项国家重点项目，取得了显著的社会和经济效益。同时在北美、欧洲和亚洲地区建立了良好的商贸渠道和技术协作关系，产品已销往50多个国家和地区，被国内外众多知名企业和客户所认可。

六、中磁科技股份有限公司（原山西运城恒磁实业有限公司）

中磁科技股份有限公司（简称中磁科技）成立于2000年，是专门从事高性能烧结钕铁硼永磁材料的开发、生产和销售的股份制企业，该公司位于山西省运城市万荣恒磁工业园，目前年生产能力达到6000t。

中磁科技的生产技术和工艺由材料学工学博士、公司董事长董清飞主持。在钕铁硼永磁材料的多年开发和生产中，中磁科技形成了自己的优势和特点，有着越来越成熟的生产工艺和较强的研发能力。目前，能够批量生产规格齐全的高性能永磁材料牌号的产品。中磁科技目前的主导产品主要应用在电动自行车电机、核磁共振、风力发电机、电动汽车电机、变频电机、磁选机等领域。

七、江西金力永磁科技有限公司

江西金力永磁科技有限公司（简称江西金力）是国内领先的集研发、生产、销售于一体的专业钕铁硼磁性材料高新技术企业。江西金力已建成年产6000t高性能磁钢生产线，二期计划建成年产1万吨能力，有望成为全球最大的专业钕铁硼制造商之一。

江西金力根据高端应用领域的需求，从日本、法国等引进国际先进生产、检验和研发设备，建立了完善的生产工艺流程和质量管理体系。凭借着强大的生产水平与制造优势，金力永磁产品广泛应用于风力发电、新能源汽车、变频空调、IT产业、节能电梯、石油化工、医疗器械等行业，并与各行业国际龙头企业建立了紧密的战略合作伙伴关系。

八、烟台首钢磁性材料股份有限公司

烟台首钢磁性材料股份有限公司（简称烟台首钢）前身成立于2000年，是一家专门从事高性能永磁材料研发、生产和销售的企业。2008年5月，烟台首钢与日本安川电机株式会社合资，成为中日合资企业。

烟台首钢是经过国家发改委批准并通过验收的“高性能烧结钕铁硼永磁材料——国家高技术产业化示范工程”的实施单位。该公司从德国、日本和美国引进先进的生产设备，采用国际上先进的生产工艺，批量生产性能高、一致性好的烧结钕铁硼产品，应用于永磁风力发电机、汽车 EPS 点击、高端手机、医疗设备等领域。同时也是国内最早大批量生产应用于电梯曳引机、伺服电机、直线电机用磁钢的企业。

九、烟台正海磁性材料股份有限公司

烟台正海磁性材料股份有限公司（简称烟台正海）成立于 2000 年，是专业生产高性能钕铁硼磁性材料及磁体组件的高新技术企业，于 2011 年在深圳创业板上市。

凭借具有自主知识产权的正海无氧工艺技术和世界一流的生产检测设备，烟台正海能够批量生产性能优异的 53N、50M、48M、48H、44SH、40UH、38EH、33AH 等30 多个牌号的烧结钕铁硼磁体材料。产品被广泛应用于信息产业、汽车行业、石油化工、机械制造、航空航天、机电和医疗器械等领域。产品综合品质达到世界一流水平，赢得了国内外客户的一致赞誉。

十、成都银河磁体股份有限公司

成都银河磁体股份有限公司（简称成都银河），是由成立于 1993 年的成都银河新型复合材料厂于 2001 年整体改制组建而成，经过 10 余年的不断发展，现已跻身于世界粘结钕铁硼行业前三强。

成都银河专业生产各类粘结磁体，2011 年，其产销量约 1200t，产品广泛应用于硬盘驱动器、光盘驱动器、DVD 主轴电机、步进电机、直流电机、无刷电机、启动电机、汽车微电机磁体、步进电机磁体等。所用的产品原料主要来自美国麦格昆磁公司。目前，成都银河产品质量达到国际同类产品的较先进水平，且具有较高的产品性价比优势，主要出口到日本、韩国、中国台湾、欧洲和美国等发达国家和地区。

第二节 国外主要稀土永磁材料生产企业

近年来，随着中国稀土永磁企业的迅速发展以及稀土资源价格调整的影响，全球钕铁硼产业逐渐向中国转移。目前，日本仅剩三家烧结钕铁硼磁体生产商：日立金属（Hitachi Metals）、信越化学（Skin-Etsu Chemical）和 TDK；粘结钕铁硼磁体生产商主要是日本大同电子；粘结钕铁硼磁粉生产商主要是美国麦格昆磁。

一、日本日立金属株式会社（Hitachi Metals）

日本日立金属株式会社（简称日立金属），创立于 1910 年，公司总部在日本东京。截至 2012 年 3 月，日立金属资本金额 4277.75 亿日元，营业额 96658.83 亿日元，员工总数 32.35 万人。

2011年，日立金属烧结钕铁硼永磁材料的产量约5000t。作为稀土永磁体和高性能铁氧体磁体的发明者，日立金属不断对用于家电、IT、产业机器、汽车等的材料和部件进行节能化、高效率化、小型轻量化的改良，从而为保护地球自然环境作出贡献。日立金属生产的永磁材料、铁氧体磁性材料特别在节能要求高的汽车、家电、笔记本电脑等领域被广泛应用，在稀土永磁行业享有重要的地位。

二、日本信越化学工业株式会社(Skin-Etsu Chemical)

日本信越化学工业株式会社（简称信越化学）创立于1926年，公司总部在日本东京。截至2012年5月，信越化学资本金额1194.19亿日元，员工总数162万人。

2011年，信越化学烧结钕铁硼永磁材料的产量约6000t。信越化学坚持以稀土为原料进行钕族、钐族、铈族等所有稀土磁铁的一贯化生产，并获得高度的评价。从头戴立体声音响至汽车的传感器、传动装置及电动汽车的电机等，可以说是用途极广。同时信越化学在世界首次开发了可在需具备耐热性、耐蚀性等特性的严格环境下使用的电气镍镀层表面处理法等，供应着高特性和高质量的稀土永磁铁。

三、日本TDK株式会社（Tokyo Denki Kagaku）

日本TDK株式会社（简称TDK）创立于1935年，公司总部在日本东京。截止到2011年3月，实际投入资本为326.42亿日元。2007年销售额达到8620亿日元，员工数达到5.16万人。

2011年，TDK的烧结钕铁硼永磁材料产量约2500t。TDK的经营范围包括磁头、大容量光盘和光学读写器的开发和供应。这些都是内置硬盘驱动器的DVD录放机的关键部件。在宽带网络方面，TDK开发了大型巨磁阻（GMR）硬盘驱动器磁头（耐冲击强度高达1000Gs）来满足诸如手机之类的产品的微型化和多功能的要求。电子工业一直在加速发展。历史证明：在电子工业的径赛跑道上，TDK始终保持了其不败的纪录。研究市场，提高技术，挑战极限——这一过程循环往复引领着TDK走向产品的不断创新，凸显了TDK压倒群雄的企业实力。TDK为电子工业的发展做出了不可磨灭的贡献。

四、日本大同电子株式会社（Daido Electronics）

日本大同电子株式会社（简称大同电子）成立于1990年，公司总部在日本岐阜县中津川市，在东京和中津川岐阜县分别设有营业所。截至2009年，资本金为14.90亿日元，由大同特殊钢株式会社100%出资。

大同电子主要从事稀土类粘结磁体、钕铁硼各向异性环状磁体及其应用品的生产和销售。2011年，大同电子的粘结钕铁硼永磁材料产量约3000t，其生产的产品具有先进的技术和优异品质，安全可靠，广泛应用于汽车、仪器设备及各种电子产品中。大同电子致力于利用世界通用的技术和创造力，在特定的产业中生产销售全球最好的产品，为国际社会作贡献。

五、美国麦格昆磁公司（Magnequench）

美国麦格昆磁公司（简称麦格昆磁）总部位于美国印第安纳州，在全球范围内拥有多个生产基地，其中包括中国和泰国的磁粉生产厂，麦格昆磁是世界上粘结钕铁硼快淬磁粉生产的龙头企业，独家拥有 MQ 粉专利，主要产品——钕铁硼磁粉占有全球 80% 以上的市场份额。其位于新加坡的麦格昆磁研发中心，是全球唯一一家拥有世界级科技资源，在磁体、永磁器件及装置方面拥有丰富的专业技术并专注于研发设计钕铁硼合金、磁粉、粒料及加工工艺方面的研发机构。

麦格昆磁拥有超过 30 种粘结钕铁硼磁粉产品，2011 年，其粘结磁粉的年产量约 5500t，每种磁粉都具有其独特的磁性能及工作特性以满足客户各种需求。麦格昆磁产品所制成的粘结磁体，主要应用为电动机及传感器，应用涵盖了众多市场终端产品，其中包括电脑与办公设备（例如硬盘驱动电机、光盘驱动电机、复印机、打印机及传真机中使用的步进电机），消费电子产品（例如 DV、MP3 播放器），汽车与工业应用（例如汽车仪表盘、座椅电机、安全气囊传感器）及家用通风系统（例如吊扇），充分发挥了粘结钕铁硼较高的磁性能，磁体的灵活性，小型化和轻量化等特性。一直以来，作为行业领袖，麦格昆磁始终保持着领先地位。

第三章　国内外主要稀土发光材料生产企业

从全球生产荧光粉的企业来看，主要分布在中国、日本、韩国和德国等。国内的荧光粉企业还以生产传统的三基色荧光粉、长余辉荧光粉等为主，并逐渐转为高效节能灯三基色荧光粉和LED用荧光粉的生产；而国外的主要企业在CCFL用荧光粉和PDP荧光粉基础上，已经以LED用荧光粉的生产为主。

第一节　中国十大稀土发光材料生产企业

经过30多年的发展，中国稀土发光材料行业在该领域的整体技术水平和产业规模已经位居世界前列。目前，中国十大稀土发光材料生产商主要以传统的三基色荧光粉为主，还包括CRT用荧光粉、长余辉荧光粉、CCFL用荧光粉、PDP用荧光粉和LED用荧光粉等。

一、江门市科恒实业股份有限公司

江门市科恒实业股份有限公司（简称江门科恒）成立于1994年，是中国最大的从事稀土发光材料制造的国家级高新技术企业，年产销稀土发光材料达到1500t。从2003年开始，江门科恒在行业领域的发展中获得了质的飞越，不论在生产技术水平、产品规格质量、销售规模等方面均处于行业领先地位。2008 年，以公司为依托单位组建的“广东省稀土发光材料工程技术研究开发中心”通过广东省科技厅、发改委、经贸委论证。在中国，江门科恒始终专注于产品技术创新，并与多家高校展开产学研合作，多项科研成果通过产品鉴定，获得国家、省、市、区的各级奖励。江门科恒为灯用稀土荧光粉国家标准起草单位，生产的节能灯用稀土荧光粉产品为“广东省名牌产品”。

二、陕西彩虹荧光材料有限公司

陕西彩虹荧光材料有限公司（简称陕西彩虹）成立于 1995 年，是一家研发、生产、销售稀土发光材料，为彩色显示器件（CRT、PDP、CCFL 等）及节能灯等多方面生产配套产品的专业性科技公司。三基色荧光材料年产销量超过 1000t，是全球三基色荧光材料的第三大知名供应商；彩色荧光粉年生产能力达到 1000t，在中国大陆 CRT 彩粉市场占有率遥遥领先。陕西彩虹生产工艺先进，管理严格，设备齐全，产品质量优良。拥有 20 年的荧光粉制造经验，同时承担过多项国家级科研项目，技术力量雄厚。

三、江苏天彩科技材料有限公司

江苏天彩科技材料有限公司（简称江苏天彩）成立于 2000 年 9 月，是一家专注于稀土发光材料的高新技术企业，专业从事节能灯用稀土发光材料的研发、生产和销售。现有员工100余名，具备年产1200t三基色荧光粉的生产加工能力，拥有各类生产加工设备300余台套，资产总额达3亿多元。生产的“三彩”牌灯用稀土三基色荧光粉，属于国家级星火计划项目，是江苏省高新技术产品。

目前江苏天彩生产规模、产品质量、品牌知名度均在国内行业内名列前茅，排前三位，产品市场占有率约10%。2011年公司实现产量700t，开票销售5亿多元。在“十二五”规划内，江苏天彩致力于在现有生产三基色荧光粉的生产、技术、管理等基础上，进行各项突破和相应改造与完善，建立较为先进的科学管理体系和科技创新体系。根据国家产业政策和市场需求，与国内知名企业进行合资合作，促进产业链的形成。

四、江西依路玛稀土发光材料有限公司

江西依路玛稀土发光材料有限公司（简称江西依路玛）成立于2010年，是由世界500强企业中国五矿集团下属的五矿稀土（赣州）股份有限公司和杭州大明荧光材料有限公司、常熟江南荧光材料有限公司强强联合组建的一家大型稀土荧光粉生产企业。江西依路玛规划稀土三基色荧光粉产能4000t，其中一期为年产2000t，二期达到年产4000t。

江西依路玛生产的一些牌号稀土发光材料亮度高、光衰小、涂覆性能好、粒度分布合理，经用户使用和专家评审，质量居国内先进水平，部分指标达到和超过国际先进水平。主要供应给国内外大型节能灯制造企业，并被国际大型跨国

公司指定使用，已经成为德国欧司朗（Osram）、美国通用电气（GE）、日本松下电器（Panasonic）、日本三菱电机（Mitubishi）、荷兰飞利浦（Philips）等世界一流公司的配套供应商之一。

五、衢州奥仕特照明有限公司

衢州奥仕特照明有限公司（简称衢州奥仕特）成立于2002年，依靠优质的产品、雄厚的技术力量以及完善的配套设施，经过多年的努力，取得了良好的发展，产品先后通过了欧盟环保认证（RoHs认证）及美国埃维尔ISO 9001：2008质量管理体系认证，2011年，约600t的稀土三基色荧光粉销往全国各地和国外东南亚地区。

衢州奥仕特十分注重新产品、新技术、新工艺的引进、消化和吸收，具备了相当的自主研发能力，科技研发投入逐年增长，技改项目和技术创新持续不断，目前已取得自主知识产权的专利10项，产品已涉及稀土荧光粉、微型导热管、无铅玻璃管、螺旋明管、灯丝、电光源自动化设备等，一条紧密相连的节能荧光灯产业链已初具雏形。

六、有研稀土新材料股份有限公司

稀土发光材料是有研稀土主要研究领域之一，其研究和开发已有40多年的历史，是国内最早从事稀土荧光粉研制的单位之一，拥有国家唯一的“稀土荧光粉中间试验室”，配备有发光材料研发及其工程化技术开发所需的先进、齐备的仪器设备。

有研稀土从20世纪70年代（有研稀土的前身为北京有色金属研究总院稀土302室）开始研制CRT彩电荧光粉、金卤灯用高纯无水稀土碘化物发光材料及灯用三基色荧光粉，80年代开发出PYG型飞点扫描荧光粉、高压汞灯粉等。近10年来，为了满足平板显示、绿色照明及其他先进领域的发展需要，重点研究开发了PDP、FED等平板显示用发光材料，LED、CCFL、金卤灯等灯用发光材料。其研究成果大部分已在有研稀土形成产业化，其中灯用三基色荧光粉技术转让给多家企业进行规模化生产。为了实现白光LED稀土发光材料的国产化，相继开发成功了具有自主知识产权的铝酸盐、硅酸盐、氮化物/氮氧化物3大体系20余款白光LED发光材料，获得10多项国外发明专利，产品性能保持行业先进水平，被评选为“国产LED荧光粉第一品牌”，并于2012年、2013年连续两年获得行业“金球奖”。

七、厦门通士达新材料有限公司

厦门通士达新材料有限公司（简称厦门通士达）成立于2007年，主要从事电光源玻璃、稀土发光材料、阴极材料和荧光粉涂敷用化工材料（不含危险化学品及监控化学品）的制造、销售及相关技术服务。通士达具有年产3万吨电光源玻璃和500t纯正稀土三基色荧光粉的生产能力。拥有一流的荧光粉研发和制造水平，是全国稀土标准化技术委员会（SAC/TC229）会员单位，主持多项荧光粉国家标准的制定，有望在3~5年内取得在高端荧光粉行业的主导地位。

厦门通士达配备雄厚的技术力量，致力于整个基地以及节能光源行业相关材料的研发、制造。公司研发出的稀土三基色荧光粉及成功开发出的具有自主知识产权的“蓝光激发超高亮度照明白光LED灯用YAG荧光粉”，均已经过多年的研发试产，产品具有光效高、显色性好、涂敷性好、光衰相对较小光通维持率高的优点。目前，厦门通士达已有LED荧光粉产品推向市场，并持续扩大影响力。

八、大连路明发光科技股份有限公司

大连路明发光科技股份有限公司（简称大连路明）成立于1998年，是一家从事LED应用业务的高新技术企业，集研发、设计、产品、施工、服务于一体的全国知名企业。大连路明致力于半导体显示照明产品及应用，涵盖LED发光材料、LED显示、LED景观照明、LED功能照明产品及工程系统服务。其中稀土发光材料包括白光LED发光材料、白光LED光转换膜组、蓄光显示材料等。大连路明拥有深厚的技术积淀，持续对长余辉荧光粉和LED用荧光粉进行了长达数年之久的技术研发，长余辉荧光粉长期以来一直畅销国内外，而LED荧光粉在国内也逐渐有一定的知名度。大连路明LED发光材料系列为半导体照明提供了强力保障。完全具备自主知识产权，源自稀土发光材料技术的宽谱带激发LED发光材料，突破了国际专利的壁垒，使大连路明成为国内掌握白光LED核心技术的民族高科技企业。

九、江西和泰新光源材料有限公司

江西和泰新光源材料有限公司（简称江西和泰）成立于2007年，是专业生产稀土发光材料的企业；年生产能力为1200t，主要产品包括灯用稀土红粉、稀土绿粉、稀土蓝粉、2700～7000K混合荧光粉等。

江西和泰现有员工100多人，其中高、中级科技人员占30%。拥有先进的自动化生产设备和完善的检测仪器；复旦大学是公司生产、研发技术的合作伙伴，生产工艺技术领先，产品各项技术指标均已达到国内外同类产品的先进水平。江西和泰依托得天独厚的稀土资源，公司总部上海和利稀土材料有限公司在龙南拥有年处理3000t矿分离能力的稀土全分离企业股权，可为公司提供灯用荧光粉所需的稀土原料。

十、佛山市南海朗达荧光材料有限公司

佛山市南海朗达荧光材料有限公司（简称佛山朗达）成立于1999年，是专业生产各种新型发光材料及特种光源的高新技术企业。主要产品有稀土三基色荧光粉、LED用荧光粉等。

佛山朗达经营十余年的发光材料，产品不断升级换代，质量稳步提高，不断从各高等院校、研究单位以及国外吸收新技术。同时，美国壹达莱光电技术研究所已经全面授权佛山朗达，生产经营LED用YAG系列荧光粉。经调试，产品

质量已达到原技术要求，经国内外封装的白光 LED 灯光效高、显色性好，产品质量稳定。

第二节 国外主要稀土发光材料生产企业

近年来，中国稀土发光材料发展非常迅速，从全球来看，主要的发光材料生产商主要集中在中国。而在国外，主要的稀土发光材料生产商，包括 4 家公司，具体介绍如下。

一、日本日亚化学（Nichia）工业株式会社

日本日亚化学工业株式会社（简称日亚化学）成立于 1956 年，致力于制造及销售以无机荧光粉为中心的精密化学品，是世界上著名的 LED 器件生产及最大的荧光粉生产商，产品的生产和销售遍布全球各主要国家及地区。日亚化学在发光物质的研发过程中，相继研发出了 CCFL 用荧光粉、PDP 用荧光粉等，一直以来都是稀土发光材料领域产品性能最好的公司，至今没有其他公司能够取代。

1993 年，日亚化学发表了震惊世界的蓝色发光二极管（LED），其发明人因此获得 2014 年诺贝尔奖，从而为 LED 在应用领域进入全彩时代创造了条件和奠定了基础；随后实现了紫外至黄色的氮化物 LED 及白色 LED 的商品化，大幅度地扩大了 LED 的应用领域，其中包括 GaN 基蓝光芯片 + 黄色 YAG 荧光粉的组合，成为白光 LED 行业主流搭配，可以说日亚化学为整个 LED 行业作出了巨大的贡献。同时日

亚化学以高科技含量的优质 LED 产品服务于全球的广大客户，近 20 年来，一直占据着 LED 行业的领先地位。

二、日本根本特殊化学（Nemoto）工业株式会社

日本根本特殊化学株式会社（简称根本化学）成立于 1941 年，非常注重创新，始终致力于开发新材料、新产品和新事业。根本化学利用夜光涂料事业拥有的 3 项核心技术，即“荧光体制造技术”、“放射线运用技术”以及“涂装印刷技术”，积极开拓进取。特别是 1993 年开发的“LumiNova”（新夜光），立刻风靡于全世界的夜光钟表。由于其性能卓越，被各国作为紧急避难标识采用，并规格化。

最近 10 年来，根本化学以夜光涂料为起点的本公司的产品，已经扩大到 EL、PDP、LED 等其他稀土发光材料、电子、生命科学领域，尤其是 LED 荧光粉，根本化学进入市场最早，始终占据着较大的全球市场份额。按照根本化学的目标，其将继续作为以“人类和地球的化学”为主题的技术开发型企业，专注特殊领域，努力开发国际通用型产品，实施多方位经营。

三、日本三菱化学（Mitsubishi）工业株式会社

日本三菱化学工业株式会社（简称三菱化学）创建于 1950 年，始终致力于化学和化工产品的研发和生产。三菱化学的稀土发光材料产品包括 CCFL 用荧光粉、PDP 用荧光粉和 LED 用荧光粉，2011 年以前，其产品

质量和市场份额都仅次于日亚化学，在客户端享有良好的口碑。

2011 年，出于市场策略的考虑，三菱化学将 CCFL 用荧光粉和 PDP 用荧光粉生产线转卖给厦门钨业，从而专心致力于开发 LED 用荧光粉。在全球 LED 用荧光粉市场中，三菱化学生产的 LED 用氮化物红色荧光粉，不仅拥有核心知识产权，其产品质量也处于领先地位，故市场占有率最大。在一定程度上来讲，三菱化学是 LED 用荧光粉行业的重要力量。

四、韩国大洲（Daejoo）电子材料株式会社

韩国大洲电子材料株式会社（简称韩国大洲）是韩国著名的电子材料研发及制造企业，是韩国著名的高新技术企业，并于 2004 年在韩国上市。其“PDP 用屏蔽材料”被评为 2002 年韩国 10 大创新技术之一，其“PDP 用 MgO 纳米材料”被评为 2008 年韩国 10 大创新技术之一，2010 年获得纳米产业技术国家总理奖。

借助于收购 LG 电子稀土发光材料部门，韩国大洲的科研力量更加雄厚。其稀土荧光粉产品包括 CCFL 用荧光粉、PDP 用荧光粉和 LED 用荧光粉，目前其 CCFL 用荧光粉和 PDP 荧光粉已被韩国三星电子和 LG 电子广泛采用，市场份额逐渐加大。另外，目前研发的 LED 用荧光粉尽管处于起步阶段，但已经逐渐进入市场，未来可能成为 LED 用荧光粉的重要生产商。

第四章 国内外主要稀土催化材料生产企业

石油裂化催化剂国外生产商主要有美国美孚（Mobil）、德国巴斯夫（BASF）、美国格雷斯-戴维森（W. R. Grace/Grace Davison）、美国雅宝（Albemarle/Akzo）和日本触媒化成株式会社。国内石油裂化催化剂主要生产商为中国石油化工股份有限公司催化剂分公司。

机动车催化净化器国外生产商有德国巴斯夫（BASF）、英国庄信（Johnson Matthey）、比利时优美科（Umicore）等公司，并占据世界机动车催化剂90%以上的市场份额。而国内汽车尾气催化剂生产商主要有无锡威孚、昆明贵研和重庆海特等。摩托车尾气催化剂四川中自公司占据了大部分国内市场。

第一节 埃克森美孚公司

埃克森美孚公司，全称美国埃克森美孚石油公司（Exxon Mobil），是世界领先的石油和石化公司，由约翰·洛克菲勒于1882年创建，总部设在美国得克萨斯州爱文市。埃克森美孚通过其关联公司在全球大约200个国家和地区开展业务，拥有8.6万名员工，其中包括大约1.4万名工程技术人才和科学家。该公司是世界最大的非政府油气生产商和世界最大的非政府天然气销售商，同时也是世界最大的炼油商之一，分布在25个国家的45个炼油厂，每天的炼油能力达640万桶；在全球拥有3.7万多座加油站及100万个工业和批发客户；每年在150多个国家销售大约2800万吨石化产品。公司连续85年以上获得3A信用等级，是世界上保持这一纪录为数不多的公司之一。在《财富》杂志本年度美国最大上市公司排名榜中，暴涨的能源价格把埃克森美孚推到了2006财富500强的首位。

第二节　德国巴斯夫股份公司

巴斯夫股份公司（BASF）是一家德国化学公司，公司总部位于莱茵河畔的路德维希港，它是世界上工厂面积最大的化学产品基地。巴斯夫集团在欧洲、亚洲、南北美洲的41个国家拥有超过160家全资子公司或者合资公司。巴斯夫是世界领先的化工公司，向客户提供一系列的高性能产品，涵盖化学品、塑料、特性产品、作物保护产品以及原油和天然气。2011年，巴斯夫的销售额达735亿欧元（约970亿美元），在全球拥有超过11.1万名员工。巴斯夫公司的股票在法兰克福（BAS）、伦敦（BFA）和苏黎世（AN）的股票交易所上市。公司业务广泛，包括化学品及塑料、染料及整理剂、化学品、塑料及纤维、石油炼制及天然气等。

第三节 中国石油化工股份有限公司催化剂分公司

中国石油化工股份有限公司催化剂分公司（简称催化剂分公司）是中国石油化工股份有限公司下属的专业公司，是中国最大的炼油化工催化剂生产商、供应商、服务商。中国石化催化剂分公司主要业务产品为炼油催化剂、聚烯烃催化剂、基本有机原料催化剂等，炼油催化剂包括催化裂化催化剂、加氢催化剂、重整催化剂，其中用到稀土消费量最大的是催化裂化催化剂。相关研究单位有石油化工科学研究院、抚顺石油化工研究院、北京化工研究院（聚丙烯）、上海石油化工研究院（分子筛）、上海化工研究院（聚乙烯）。催化剂分公司生产基地主要分布在北京、上海、湖南、山东、辽宁和江苏等六省市，拥有催化剂长岭分公司、催化剂齐鲁分公司、催化剂北京奥达分公司、催化剂北京燕山分公司、催化剂上海分公司、催化剂抚顺分公司、催化剂南京分公司和催化剂贵金属分公司等 8 个全资单位，湖南建长石化股份有限公司和上海立得催化剂有限公司 2 个控股单位并托管中国石化科技开发公司。催化剂分公司在满足国内市场需求的同时，产品还远销欧洲、美洲、亚洲、非洲等国际市场。

第四节 无锡威孚力达催化净化器有限责任公司

无锡威孚力达催化净化器有限责任公司（简称威孚力

达）始成立于1995年，前身为702研究所军转民企业“无锡力达消声器有限公司”；1998年公司由无锡威孚高科技股份公司重组，以汽车、摩托车、非道路机械尾气处理、工业废气净化为主导产业，是威孚高科控股子公司。2004年，威孚力达与外方合资，设立无锡威孚环保催化剂有限责任公司（简称威孚环保），专业从事催化剂的研发、生产、销售和技术服务。

无锡威孚力达集尾气催化剂和后处理系统集成和催化剂于一体，技术水平、市场规模和生产能力均处于国内领先地位，是中国自主品牌汽车后处理市场重要供应商。公司建有一流的研发中心，拥有汽车、摩托车转鼓、发动机台架、贵金属分析试验室和各类先进的实验、检测设备，并与清华大学等科研院校合作，建成江苏省汽车尾气净化工程技术研究中心、院士工作站等重要“产—学—研”平台。公司建有国内领先的催化剂和后处理系统生产线，具备600万件汽柴催化剂、800万件摩托车催化剂、800万件通机催化剂和300万套催化净化器年产能，产品达国欧Ⅳ及以上排放水平。

第五节　昆明贵研催化剂有限责任公司

昆明贵研催化剂有限责任公司是目前国内规模较大、技术领先的机动车尾气催化剂设计与生产商。主导产品是：三效汽车尾气催化剂、贵金属化合物及其他工业用催化剂产品，产品适用于汽油机、柴油机、摩托车、割草机等及工业废气污染治理用。

它拥有国内生产规模最大、最先进的全自动化催化剂生产线，拥有先进的研发技术中心，具有雄厚的研发和技术创新能力，拥有国际先进水平的测试设备、严格的质量保证体系以及充分满足客户要求的供货保障能力。公司通过提供创新产品和优质服务，不断满足客户需求，使客户产品的排放指标始终适应和领先于排放法规的要求。

参 考 文 献

[1]《稀土》编写组．稀土[M]．北京：冶金工业出版社，1978：436~440.

[2] 徐光宪．稀土[M]．北京：冶金工业出版社，1995：320~328.

[3] 足立吟也．稀土及其应用原理浅说[M]．北京：中国稀土学会，1993：13~16.

[4] 金宝恩．稀土元素化学及应用[M]．北京：全国稀土信息网，1995：1~4.

[5] 熊炳昆，陈蓬，郭伯生，等．稀土农林研究与应用[M]．北京：冶金工业出版社，2000：153~370.

[6] 张忠．国外稀土资源开发现状以及对稀土产业发展的影响[J]．稀土信息，2013(10)：14~16.

[7] 王彩凤．我国稀土工业发展现状及进展[C]．包头稀土产业发展论坛，2009：1~8.

[8] 黄小卫，李红卫，王彩凤，等．我国稀土工业发展现状及进展[J]．稀有金属，2007，31(3)：279~288.

[9] 刘余九．中国稀土产业现状及发展的主要任务[J]．中国稀土学报，2007，25(3)：257~263.

[10] 黄小卫，庄卫东，李红卫，等．稀土功能材料研究开发现状和发展趋势[J]．稀有金属，2004，28(4)：711~717.

[11] 陈家镛．湿法冶金手册[M]．北京：冶金工业出版社，2005：990~992.

[12] 吴文远．稀土冶金学[M]．北京：化学工业出版社，2005：4.

[13] 中山大学金属系．稀土物理化学常数[M]．北京：冶金工业出版社，1980.

[14] 顾保江，龙志奇，黄小卫．我国稀土化合物产业现状和展望[J]．稀有金属，2003，27(3)：391~394.

[15] REDLING K. Rare Earth Elements in Agriculture with Emphasis on Animal Husbandry [M]. Muchen, 2006.

[16] 吕松涛．稀土冶金学[M]．北京：冶金工业出版社，1981：7~16.

[17] 国土资源部．中国矿产资源年报[N]. 2003：176.

[18] 国土资源部矿产开发管理司．中国矿产资源主要矿种开发利用水平与政策建议[M]. 北京：冶金工业出版社，2002.

[19] 吴文远，边雪．稀土冶金技术[M]. 北京：科学技术出版社，2012：17 ~ 19.

[20] 黄小卫，张永奇，李红卫．我国稀土资源的开发利用现状与发展趋势[J]. 中国科学基金，2011(3)：134 ~ 137.

[21] 阳正熙，ANTHONY E，蒲广平．四川冕宁牦牛坪稀土矿床地质特征[J]. 矿物岩石，2000(2)：28 ~ 34.

[22] 戴翠红，母传伟，库学斌．海滨砂矿船选工艺研究与设计[J]. 采矿技术，2013(3)：104 ~ 107.

[23] 余永富．我国稀土矿选矿技术及其发展[J]. 中国矿业大学学报，2001(6)：537 ~ 542.

[24] 熊文良，陈炳炎．四川冕宁稀土矿选矿试验研究[J]. 稀土，2009(3)：89 ~ 92.

[25] 池汝安，田君．风化壳淋积型稀土矿评述[J]. 中国稀土学报，2008，25(6)：641 ~ 650.

[26] 池汝安，田君．风化壳淋积型稀土矿化工冶金[M]. 北京：科学出版社，2006：158 ~ 160.

[27] 李德栋，龙志奇，李红卫，等．氟碳铈矿酸浸过程中铁和铈的行为研究[J]. 稀有金属，2004(28)：452 ~ 454.

[28] 黄小卫，李红卫，薛向欣，等．我国稀土湿法冶金发展状况及研究进展[J]. 中国稀土学报，2006(24)：129 ~ 133.

[29] 黄小卫，张永奇，李红卫．我国稀土资源的开发利用现状与发展趋势[J]. 中国科学基金，2011(3)：134 ~ 137.

[30] 朱兆武，韩业斌，罗兴华，等．包头稀土矿中钍的富集与回收[C]//第五届全国稀有金属学术交流会论文集，2006：552 ~ 560.

[31] 周寿增，董清飞，高学绪．烧结钕铁硼稀土永磁材料与技术[M]. 北京：冶金工业出版社，2011.

[32] 闫文龙，颜世宏，于敦波，等. 烧结钕铁硼的发展及其应用现状[J]. 金属功能材料，2008，15(6)：33～37.

[33] 郑子樵，李红英. 稀土功能材料[M]. 北京：化学工业出版社，2003.

[34] 王博文，曹淑瑛，黄文美. 磁致伸缩材料与器件[M]. 北京：冶金工业出版社，2008.

[35] 鲍雨梅，张康达. 磁制冷技术[M]. 北京：化学工业出版社，2004.

[36] 徐叙瑢，苏勉曾. 发光学与发光材料[M]. 北京：化学工业出版社，2004：96～109.

[37] 刘荣辉，黄小卫，何华强，等. 稀土发光材料技术和市场现状及展望[J]. 中国稀土学报，2012，30(3)：265～272.

[38] 刘荣辉，何华强，黄小卫，等. 白光 LED 荧光粉研究及应用新进展[J]. 半导体技术，2012，37(3)：221～227.

[39] HU Y S，ZHUANG W D，YE H Q. Luminescent properties of samarium ion in calcium molybdate[J]. J. Rare Earths，2004，22(6)：821～824.

[40] ZHOU Y，YOSHIZAWA Y I，HIRAO K，et al. Prepararation of Eu-doped β-SiAlON phosphors by combustion synthesis[J]. J. Am. Ceram. Soc.，2008，91：3082～3085.

[41] DENG C Y，ZHUANG W D，HE D W，et al. Preparation and luminescent properties of BAM blue phosphor for PDP and CCFL[J]. J. Rare earths，2004，22(1)：108～113.

[42] RAMBABU U，MUNIRATHNAM N R，PRAKASH T L，et al. Emission spectra of $LnPO_4$：RE^{3+} (Ln = La, Gd; RE = Eu, Tb and Ce) powder phosphors[J] Mate. Chem. Phys.，2003，78(1)：160～169.

[43] NAKAMURA S，FASOL G. The Blue Laser Diode：GaN Based Light Emitters and Lasers[M]. Berlin：Springer-Verlag，1997：5～20.

[44] ZHANG S S，ZHUANG W D，HE T. Study on co-precipitation synthesized $Y_3Al_5O_{12}$：Cë yellow phosphor for white LED [J]. J. Rare Earths，2010，28(5)：713～716.

[45] HU Y S, ZHUANG W D, YE H Q, et al. Preparation and luminescent properties of (Ca_{1-x}, Sr_x) S: Eu^{2+} red-emitting phosphor for white LED [J]. J. Lumin. , 2005, 111: 139 ~ 145.

[46] XIE R J, LI Y Q, HIROSAKI N, et al. Nitride Phosphors and Solid-State Lighting[M]. Taylor and Francis, 2011: 111 ~ 118.

[47] CHEN G T, ZHUANG W D, HU Y S, et al. Luminescence properties of Eu^{2+}-doped $Ba_3Si_6O_{12}N_2$ green phosphor: concentration quenching and thermal stability[J]. J. Rare Earths, 2013, 31(2): 113 ~ 118.

[48] HIROSAKI H, XIE R J, KIMOTO K, et al. Characterization and properties of green-emitting β-SiAlON : Eu^{2+} powder phosphors for white light-emitting diodes [J]. Appl. Phys. Lett. , 2005, 86: 211905(1) ~ 211905(3).

[49] 刘玉柱，庄卫东，何华强，等．陶瓷金属卤化物灯用含稀土氧化物封接材料[J]．稀有金属，2007，31(1)：119 ~ 124.

[50] 孙家跃，杜海燕，胡文祥．固体发光材料[M]．北京：化学工业出版社，2003.

[51] PANMAR M C, ZHUANG W D, HUANG X W, et al. Role of SiO_2 in Zn_2SiO_4 : Mn^{2+} phosphor used in optoelectronic materials [J] Indian J. Eng. Mate. Sci. , 2009, 16: 185 ~ 187.

[52] HIROSAKI N, XIE R J, INOUE K, et al. Blue-emitting AlN: Eu^{2+} nitride phosphor for field emission displays [J] . Appl. Phys. Lett. , 2007, 91: 061101.

[53] 庄卫东．高性能彩色等离子显示(PDP)用红色荧光材料的研究[J]．北京同步辐射装置年报，2009，8：103.

[54] YU Z J, ZHUANG W D, HUANG X W, et al. Crystal structure transformation and luminescent behavior of the red phosphor for plasma display panels [J]. J. Alloys Compd. , 2005, 390: 220 ~ 222.

[55] XU H B, ZHUANG W D, WEN X F, et al. Effect of Li^+ ions doping on structure and luminescence of (Y, Gd) BO_3: Tb^{3+} [J] . J. Rare Earth, 2010, 28

(5): 701 ~ 704.

[56] YU Z J, HUANG X W, ZHUANG W D, et al. Co-precipitation preparation and luminescent behavior of (Y, Gd) BO_3: Eu phosphor [J]. J. Rare Earth, 2004, 22(6): 829 ~ 832.

[57] 赵科，罗新宇，崔向中，等. CCFL 荧光粉的现状及其发展趋势[J]. 稀有金属，2008，32(2)：245 ~ 251.

[58] 夏天，何华强，刘元红，等. 荧光粉在高显色性白光 LED 中的应用研究[J]. 照明工程学报，2011，22(5)：95 ~ 98.

[59] MA X L, ZHUANG W D, GUO H J, et al. Synthesis and lumines cence properties of $Sr_{3-z}(Al_xSi_{1-x})O_{5-x}F_x$: zCe^{3+} phosphors [J]. J. Rare Earth, 2013, 31(2): 665 ~ 668.

[60] HU Y S, ZHUANG W D, HAO J H, et al. Preparation mechanism and luminescence of Sr_2SiO_4: Eu phosphor from (Sr, Eu) CO_3@SiO_2 core-shell precursor[J]. J. Rare Earths, 2012, 2: 6 ~ 11.

[61] TENG X M, YUAN Y H, LIU Y Z, et al. Preparation and luminescent properties of red-emitting phosphor $(Sr_{1-x}Ca_x)_2Si_5N_8$: Eu^{2+} with different Sr/Ca ratio [J]. J. Rare Earth, 2009, 27(1): 58 ~ 61.

[62] YE X Y, ZHUANG W D, FANG Y, et al. A facile two-phase approach to nearly monodisperse ZnS nanocrystals[J]. Mate. Chem. Phys., 2008, 112(3): 730 ~ 733.

[63] 马秀芳. 稀土长余辉发光材料的开发应用与改性处理[J]. 稀有金属，2000，24(4)：305 ~ 308.

[64] TENG X M, ZHUANG W D, HU Y S, et al. Effect of flux on the properties of $CaAl_2O_4$: Eu^{2+}, Nd^{3+} long afterglow phosphor [J]. J. Alloy Compd., 2008, 458(1 ~ 2): 446 ~ 449.

[65] 张希艳，卢利平，柏朝晖，等. 稀土发光材料[M]. 北京：国防工业出版社，2005.

[66] 张若桦. 稀土元素化学[M]. 天津：科学技术出版社，1987.

[67] 李建宇. 稀土发光材料及其应用[M]. 北京：化学工业出版社，2003.

[68] 吴泽钦，韩相恩，苏鑫，等. 稀土配合物发光材料的研究进展[J]. 化工中间体，2011，08：9～15.

[69] 崔梅生，张娜. 稀土催化材料及其应用[J]. 新材料产业，2013(5)：27～30.

[70] 彭新林，龙志奇，崔梅生，等. 共沉淀法合成铈锆复合氧化物及表征[J]. 中国稀土学报，2002(20)：104～107.

[71] 崔梅生，李明来，张顺利，等. 钙钛矿催化材料 $La_{1-x}Ce_xCoO^{3+\delta}$ 的制备、表征及甲烷燃烧催化性质[J]. 中国有色金属学报，2004，14(9)：1580～1584.

[72] 崔梅生，张顺利. 甲烷燃烧催化材料发展概况[J]. 稀有金属，2003，27(6)：764～768.

[73] 刘光华. 稀土材料学[M]. 北京：化学工业出版社，2007.

[74] YU J Q，CUI L，HE H Q，et al. Laser-excited luminescence of trace Nd^{3+} impurity in $LaBr_3$ revealed by Raman spectroscopy[J]. Chem. Phys. Lett.，2012，549：32～38.

[75] 张克从，王希敏. 非线性光学晶体材料科学[M]. 北京：科学出版社，2005.

[76] 崔凌霄，杨国胜，谢兵，等. 中国稀土抛光粉行业现状与发展[J]. 稀土信息，2013(5)：17～20.

[77] 李永绣，周新木. 稀土抛光材料的生产应用及其新进展[J]. 稀土，2002，23(5)：71～74.

[78] 朱兆武. 高性能稀土抛光粉的研制；氧化焙烧—硫酸浸出—萃取绿色冶炼工艺分离氟碳铈矿研究[D]. 北京：北京有色金属研究总院，2005.

[79] 张晓伟，李梅，柳召刚，等. 稀土在玻璃中的着色和紫外吸收作用的研究进展[J]. 硅酸盐通报，2009，28(6)：1208～1212.

[80] 詹志洪. 稀土在功能陶瓷中的应用及市场前景[J]. 稀土信息，2005(3)：8～10.

[81] 付鹏，徐志军，初瑞清，等．稀土氧化物在陶瓷材料中应用的研究现状及发展前景[J]．陶瓷，2008，12(7)：7～10.

[82] 杨遇春．稀土在高温超导材料中的应用[J]．稀有金属材料与工程，2000，29(2)：78～81.

[83] CHIEN S Q，OSTENHOUT W J. Physiological function of Ba，Sr and Ce on water-floss (spirogyra) [J]. Baranical Gazette，1917(63)：406～409.

[84] 万强．稀土农用的历史、现状和发展趋势[J]．湖南农业科学，2000(5)：22～23.

[85] 熊英．稀土农用研究概况及滨海稻作区施用前景展望[J]．垦殖与稻作，2001(3)：25～27.

[86] 尚宇．中国稀土产业国际竞争力研究[D]．北京：中国地质大学，2011：27～28.

[87] 张苏琼．稀土元素对青藏高原高寒草地生态系统草地动物界面耦合效应的研究[D]．兰州：甘肃农业大学，2005：26.

[88] 吴其飞，董英，黄达明．茎部注射稀土元素对金桔生长发育的影响[J]．江苏理工大学学报(自然科学版)，2001，22(2)：10～13.

[89] 吴其飞，黄达明，董英．茎部注射稀土元素对金柑生长及果实品质的影响[J]．中国农业科学，2002，35(10)：1254～1259.

[90] 龙志奇，崔梅生，朱兆武，等．铈锆复合氧化物的研究、应用及展望[J]．稀有金属，2007，26(1)：40～44.

[91] 樊俊，翁端．稀土-锆复合氧化物在汽车尾气净化中的应用进展[J]．稀有金属材料与工程，2008 (4)：516～520.

[92] 詹志洪．稀土在塑料和涂料制品中的应用与展望[J]．稀土，2004，25(6)：80～83.

[93] 吴茂英，刘正堂，崔英德．稀土高分子材料助剂开发研究进展[J]．稀土，2004，25(1)：63～67.

[94] 稀土材料科技发展战略编写组．稀土材料科技发展战略研究报告[R]．北京．2014：63～78.

附 录

附录一　现行有效稀土标准名录

现行有效的稀土标准（截至 2014 年 3 月底）见附表 1 和附表 2。

附表 1　中国稀土国家标准

序号	标准编号	标 准 名 称
1	GB/T 9967—2010	金属钕
2	GB/T 5240—2006	氧化钕
3	GB/T 5239—2006	氧化镨
4	GB/T 4155—2012	氧化铈
5	GB/T 4154—2006	氧化镧
6	GB/T 4153—2008	混合稀土金属
7	GB/T 4148—2003	混合氯化稀土
8	GB/T 4138—2004	稀土镁硅铁合金
9	GB/T 4137—2004	稀土硅铁合金
10	GB/T 3504—2006	氧化铕
11	GB/T 3503—2006	氧化钇
12	GB/T 2969—2008	氧化钐
13	GB/T 2968—2008	金属钐

续附表 1

序号	标准编号	标 准 名 称
14	GB/T 28400—2012	钕镁合金
15	GB/T 26417—2010	镨钕合金及其化合物化学分析方法　稀土配分量的测定
16	GB/T 26416.5—2010	镝铁合金化学分析方法　第 5 部分：氧量的测定　脉冲红外吸收法
17	GB/T 26416.4—2010	镝铁合金化学分析方法　第 4 部分：铁量的测定　重铬酸钾容量法
18	GB/T 26416.3—2010	镝铁合金化学分析方法　第 3 部分：钙、镁、铝、硅、镍、钼、钨量的测定　等离子发射光谱法
19	GB/T 26416.2—2010	镝铁合金化学分析方法　第 2 部分：稀土杂质含量的测定　电感耦合等离子发射光谱法
20	GB/T 26416.1—2010	镝铁合金化学分析方法　第 1 部分：稀土总量的测定　重量法
21	GB/T 26415—2010	镝铁合金
22	GB/T 26414—2010	钆镁合金
23	GB/T 26413—2010	重稀土氧化物富集物
24	GB/T 26412—2010	金属氢化物-镍电池负极用稀土系 AB_5 型贮氢合金粉
25	GB/T 2526—2008	氧化钆
26	GB/T 24982—2010	白光 LED 灯用稀土黄色荧光粉
27	GB/T 24981.2—2010	稀土长余辉荧光粉试验方法　第 2 部分：相对亮度的测定
28	GB/T 24981.1—2010	稀土长余辉荧光粉试验方法　第 1 部分：发射主峰和色品坐标的测定

续附表 1

序号	标准编号	标 准 名 称
29	GB/T 24980—2010	稀土长余辉荧光粉
30	GB/T 23595. 7—2010	白光 LED 灯用稀土黄色荧光粉试验方法 第 7 部分：热猝灭性能的测定
31	GB/T 23595. 6—2009	白光 LED 灯用稀土黄色荧光粉试验方法 第 6 部分：电导率的测定
32	GB/T 23595. 5—2009	白光 LED 灯用稀土黄色荧光粉试验方法 第 5 部分：pH 值的测定
33	GB/T 23595. 4—2009	白光 LED 灯用稀土黄色荧光粉试验方法 第 4 部分：热稳定性的测定
34	GB/T 23595. 3—2009	白光 LED 灯用稀土黄色荧光粉试验方法 第 3 部分：色品坐标的测定
35	GB/T 23595. 2—2009	白光 LED 灯用稀土黄色荧光粉试验方法 第 2 部分：相对亮度的测定
36	GB/T 23595. 1—2009	白光 LED 灯用稀土黄色荧光粉试验方法 第 1 部分：光谱性能的测定
37	GB/T 23594. 2—2009	钐铕钆富集物化学分析方法　第 2 部分：十五个稀土元素氧化物配分量的测定　电感耦合等离子发射光谱法
38	GB/T 23594. 1—2009	钐铕钆富集物化学分析方法　第 1 部分：稀土氧化物总量的测定　重量法
39	GB/T 23593—2009	钇铕钆氧化物
40	GB/T 23592—2009	摩托车排气净化催化剂
41	GB/T 23591—2009	镧铈铽氧化物
42	GB/T 23590—2009	氟化镨钕

续附表 1

序号	标准编号	标 准 名 称
43	GB/T 23589—2009	草酸钆
44	GB/T 23588—2009	钕铁硼废料
45	GB/T 20893—2007	金属铽
46	GB/T 20892—2007	镨钕合金
47	GB/T 20170. 2—2006	稀土金属及其化合物物理性能测试方法　稀土化合物比表面积的测定
48	GB/T 20170. 1—2006	稀土金属及其化合物物理性能测试方法　稀土化合物粒度分布的测定
49	GB/T 20169—2006	离子型稀土矿混合稀土氧化物
50	GB/T 20168—2006	快淬钕铁硼永磁粉
51	GB/T 20167—2012	稀土抛光粉物理性能测试方法　抛蚀量和划痕的测定
52	GB/T 20166. 2—2012	稀土抛光粉化学分析方法　氟量的测定　比色法
53	GB/T 20166. 1—2012	稀土抛光粉化学分析方法　氧化铈量的测定　滴定法
54	GB/T 20165—2012	稀土抛光粉
55	GB/T 19396—2012	铽镝铁大磁致伸缩材料
56	GB/T 19395—2003	金属镨
57	GB/T 18882. 2—2008	离子型稀土矿混合稀土氧化物化学分析方法　EDTA 滴定法测定三氧化二铝量
58	GB/T 18882. 1—2008	离子型稀土矿混合稀土氧化物化学分析方法　十五个稀土元素氧化物配分量的测定
59	GB/T 18881—2009	汽油车排气净化催化剂

续附表1

序号	标准编号	标 准 名 称
60	GB/T 18880—2012	粘结钕铁硼永磁材料
61	GB/T 18116.2—2008	氧化钇铕化学分析方法　氧化铕量的测定
62	GB/T 18116.1—2000	氧化钇铕化学分析方法　电感耦合等离子体原子发射光谱法测定　氧化钇铕中氧化镧、氧化铈、氧化镨、氧化钕、氧化钐、氧化钆、氧化铽、氧化镝、氧化钬、氧化铒、氧化铥、氧化镱和氧化镥量
63	GB/T 18115.9—2006	稀土金属及其氧化物中稀土杂质化学分析方法　镝中镧、铈、镨、钕、钐、铕、钆、铽、钬、铒、铥、镱、镥和钇量的测定
64	GB/T 18115.8—2006	稀土金属及其氧化物中稀土杂质化学分析方法　铽中镧、铈、镨、钕、钐、铕、钆、镝、钬、铒、铥、镱、镥和钇量的测定
65	GB/T 18115.7—2006	稀土金属及其氧化物中稀土杂质化学分析方法　钆中镧、铈、镨、钕、钐、铕、铽、镝、钬、铒、铥、镱、镥和钇量的测定
66	GB/T 18115.6—2006	稀土金属及其氧化物中稀土杂质化学分析方法　铕中镧、铈、镨、钕、钐、钆、铽、镝、钬、铒、铥、镱、镥和钇量的测定
67	GB/T 18115.5—2006	稀土金属及其氧化物中稀土杂质化学分析方法　钐中镧、铈、镨、钕、铕、钆、铽、镝、钬、铒、铥、镱、镥和钇量的测定
68	GB/T 18115.4—2006	稀土金属及其氧化物中稀土杂质化学分析方法　钕中镧、铈、镨、钐、铕、钆、铽、镝、钬、铒、铥、镱、镥和钇量的测定

续附表1

序号	标准编号	标准名称
69	GB/T 18115.3—2006	稀土金属及其氧化物中稀土杂质化学分析方法　镨中镧、铈、钕、钐、铕、钆、铽、镝、钬、铒、铥、镱、镥和钇量的测定
70	GB/T 18115.2—2006	稀土金属及其氧化物中稀土杂质化学分析方法　铈中镧、镨、钕、钐、铕、钆、铽、镝、钬、铒、铥、镱、镥和钇量的测定
71	GB/T 18115.15—2010	稀土金属及其氧化物中稀土杂质化学分析方法　第15部分：镥中镧、铈、镨、钕、钐、铕、钆、铽、镝、钬、铒、铥、镱和钇量的测定
72	GB/T 18115.14—2010	稀土金属及其氧化物中稀土杂质化学分析方法　第14部分：镱中镧、铈、镨、钕、钐、铕、钆、铽、镝、钬、铒、铥、镥和钇量的测定
73	GB/T 18115.13—2010	稀土金属及其氧化物中稀土杂质化学分析方法　第13部分：铥中镧、铈、镨、钕、钐、铕、钆、铽、镝、钬、铒、镱、镥和钇量的测定
74	GB/T 18115.12—2006	稀土金属及其氧化物中稀土杂质化学分析方法　钇中镧、铈、镨、钕、钐、铕、钆、铽、镝、钬、铒、铥、镱和镥量的测定
75	GB/T 18115.1—2006	稀土金属及其氧化物中稀土杂质化学分析方法　镧中铈、镨、钕、钐、铕、钆、铽、镝、钬、铒、铥、镱、镥和钇量的测定

续附表 1

序号	标准编号	标 准 名 称
76	GB/T 18115.11—2006	稀土金属及其氧化物中稀土杂质化学分析方法　铒中镧、铈、镨、钕、钐、铕、钆、铽、镝、钬、铥、镱、镥和钇量的测定
77	GB/T 18115.10—2006	稀土金属及其氧化物中稀土杂质化学分析方法　钬中镧、铈、镨、钕、钐、铕、钆、铽、镝、铒、铥、镱、镥和钇量的测定
78	GB/T 18114.9—2010	稀土精矿化学分析方法　第 9 部分：五氧化二磷量的测定　磷铋钼蓝分光光度法
79	GB/T 18114.8—2010	稀土精矿化学分析方法　第 8 部分：十五个稀土元素氧化物配分量的测定　电感耦合等离子体发射光谱法
80	GB/T 18114.7—2010	稀土精矿化学分析方法　第 7 部分：氧化铁量的测定　重铬酸钾滴定法
81	GB/T 18114.6—2010	稀土精矿化学分析方法　第 6 部分：氧化铝量的测定　电感耦合等离子发射光谱法
82	GB/T 18114.5—2010	稀土精矿化学分析方法　第 5 部分：氧化硅量的测定
83	GB/T 18114.4—2010	稀土精矿化学分析方法　第 4 部分：氧化铌、氧化锆、氧化钛量的测定电感耦合等离子发射光谱法
84	GB/T 18114.3—2010	稀土精矿化学分析方法　第 3 部分：氧化钙量的测定
85	GB/T 18114.2—2010	稀土精矿化学分析方法　第 2 部分：氧化钍量的测定

续附表 1

序号	标准编号	标 准 名 称
86	GB/T 18114.1—2010	稀土精矿化学分析方法　稀土精矿化学分析方法　第 1 部分：稀土氧化物总量的测定　重量法
87	GB/T 18114.11—2010	稀土精矿化学分析方法　第 11 部分：氟量的测定　蒸馏-EDTA 滴定法
88	GB/T 18114.10—2010	稀土精矿化学分析方法　第 10 部分：水分的测定　重量法
89	GB/T 18113—2010	铬酸镧高温电热元件
90	GB/T 17803—1999	稀土产品牌号表示方法
91	GB/T 16661—2008	碳酸铈
92	GB/T 16484.9—2009	氯化稀土、碳酸稀土化学分析方法　第 9 部分：氧化镍量的测定　火焰原子吸收光谱法
93	GB/T 16484.8—2009	氯化稀土、碳酸稀土化学分析方法　第 8 部分：氧化钠量的测定　火焰原子吸收光谱法
94	GB/T 16484.7—2009	氯化稀土、碳酸稀土化学分析方法　第 7 部分：氧化镁量的测定　火焰原子吸收光谱法
95	GB/T 16484.6—2009	氯化稀土、碳酸稀土化学分析方法　第 6 部分：氧化钙量的测定　火焰原子吸收光谱法
96	GB/T 16484.5—2009	氯化稀土、碳酸稀土化学分析方法　第 5 部分：氧化钡量的测定　电感耦合等离子体发射光谱法
97	GB/T 16484.4—2009	氯化稀土、碳酸稀土化学分析方法　第 4 部分：氧化钍量的测定　偶氮胂Ⅲ分光光度法
98	GB/T 16484.3—2009	氯化稀土、碳酸稀土化学分析方法　第 3 部分：15 个稀土元素氧化物配分量的测定　电感耦合等离子体发射光谱法

续附表 1

序号	标准编号	标 准 名 称
99	GB/T 16484.23—2009	氯化稀土、碳酸稀土化学分析方法　第 23 部分：碳酸轻稀土中酸不溶物量的测定　重量法
100	GB/T 16484.22—2009	氯化稀土、碳酸稀土化学分析方法　第 22 部分：氧化锌量的测定　火焰原子吸收光谱法
101	GB/T 16484.2—2009	氯化稀土、碳酸稀土化学分析方法　第 2 部分：氧化铕量的测定　电感耦合等离子体质谱法
102	GB/T 16484.21—2009	氯化稀土、碳酸稀土化学分析方法　第 21 部分：氧化铁量的测定　1,10-二氮杂菲分光光度法
103	GB/T 16484.20—2009	氯化稀土、碳酸稀土化学分析方法　第 20 部分：氧化镍、氧化锰、氧化铅、氧化铝、氧化锌、氧化钍量的测定　电感耦合等离子体质谱法
104	GB/T 16484.18—2009	氯化稀土、碳酸稀土化学分析方法　第 18 部分：碳酸轻稀土中灼减量的测定　重量法
105	GB/T 16484.16—2009	氯化稀土、碳酸稀土化学分析方法　第 16 部分：氯化稀土中水不溶物量的测定　重量法
106	GB/T 16484.15—2009	氯化稀土、碳酸稀土化学分析方法　第 15 部分：碳酸轻稀土中氯量的测定 硝酸银比浊法
107	GB/T 16484.14—2009	氯化稀土、碳酸稀土化学分析方法　第 14 部分：磷酸根量的测定　锑磷钼蓝分光光度法

续附表 1

序号	标准编号	标 准 名 称
108	GB/T 16484. 13—2009	氯化稀土、碳酸稀土化学分析方法　第 13 部分：氯化铵量的测定　蒸馏—滴定法
109	GB/T 16484. 12—2009	氯化稀土、碳酸稀土化学分析方法　第 12 部分：硫酸根量的测定　比浊法（方法 1）　重量法（方法 2）
110	GB/T 16484. 1—2009	氯化稀土、碳酸稀土化学分析方法　第 1 部分：氧化铈量的测定　硫酸亚铁铵滴定法
111	GB/T 16484. 11—2009	氯化稀土、碳酸稀土化学分析方法　第 11 部分：氧化铅量的测定　火焰原子吸收光谱法
112	GB/T 16484. 10—2009	氯化稀土、碳酸稀土化学分析方法　第 10 部分：氧化锰量的测定　火焰原子吸收光谱法
113	GB/T 16482—2009	荧光级氧化钇铕
114	GB/T 16479—2008	碳酸轻稀土
115	GB/T 16477. 5—2010	稀土硅铁合金及镁硅铁合金化学分析方法　第 5 部分：钛量的测定　电感耦合等离子体发射光谱法
116	GB/T 16477. 4—2010	稀土硅铁合金及镁硅铁合金化学分析方法　第 4 部分：硅量的测定
117	GB/T 16477. 3—2010	稀土硅铁合金及镁硅铁合金化学分析方法　第 3 部分：氧化镁量的测定　电感耦合等离子体发射光谱法
118	GB/T 16477. 2—2010	稀土硅铁合金及镁硅铁合金化学分析方法　第 2 部分：钙、镁、锰量的测定　电感耦合等离子体发射光谱法

续附表 1

序号	标准编号	标 准 名 称
119	GB/T 16477.1—2010	稀土硅铁合金及镁硅铁合金化学分析方法 第1部分：稀土总量的测定
120	GB/T 16476—2010	金属钪
121	GB/T 15678—2010	氧化铒
122	GB/T 15677—2010	金属镧
123	GB/T 15676—1995	稀土术语
124	GB/T 15071—2008	金属镝
125	GB/T 14635—2008	稀土金属及其化合物化学分析方法 稀土总量的测定
126	GB/T 14634.7—2010	灯用稀土三基色荧光粉试验方法 第7部分：热猝灭性的测定
127	GB/T 14634.6—2010	灯用稀土三基色荧光粉试验方法 第6部分：比表面积的测定
128	GB/T 14634.5—2010	灯用稀土三基色荧光粉试验方法 第5部分：密度的测定
129	GB/T 14634.3—2010	灯用稀土三基色荧光粉试验方法 第3部分：热稳定性的测定
130	GB/T 14634.2—2010	灯用稀土三基色荧光粉试验方法 第2部分：发射主峰和色度性能的测定
131	GB/T 14634.1—2010	灯用稀土三基色荧光粉试验方法 第1部分：相对亮度的测定
132	GB/T 14633—2010	灯用稀土三基色荧光粉
133	GB/T 13560—2009	烧结钕铁硼永磁材料
134	GB/T 13558—2008	氧化镝

续附表1

序号	标准编号	标 准 名 称
135	GB/T 13219—2010	氧化钪
136	GB/T 12690.9—2003	稀土金属及其氧化物中非稀土杂质化学分析方法 氯量的测定 硝酸银比浊法
137	GB/T 12690.8—2003	稀土金属及其氧化物中非稀土杂质化学分析方法 钠量的测定 火焰原子吸收光谱法
138	GB/T 12690.7—2003	稀土金属及其氧化物中非稀土杂质化学分析方法 硅量的测定 钼蓝分光光度法
139	GB/T 12690.6—2003	稀土金属及其氧化物中非稀土杂质化学分析方法 铁量的测定 硫氰酸钾、1,10-二氮杂菲分光光度法
140	GB/T 12690.5—2003	稀土金属及其氧化物中非稀土杂质化学分析方法 铝、铬、锰、铁、钴、镍、铜、锌、铅的测定 电感耦合等离子体发射光谱法（方法1）钴、锰、铅、镍、铜、锌、铝、铬的测定 电感耦合等离子体质谱法（方法2）
141	GB/T 12690.4—2003	稀土金属及其氧化物中非稀土杂质化学分析方法 氧、氮量的测定 脉冲-红外吸收法和脉冲-热导法
142	GB/T 12690.3—2002	稀土金属及其氧化物中非稀土杂质化学分析方法 重量法测定稀土氧化物中水分量
143	GB/T 12690.2—2002	稀土金属及其氧化物中非稀土杂质化学分析方法 重量法测定稀土氧化物中灼减量
144	GB/T 12690.17—2010	稀土金属及其氧化物中非稀土杂质化学分析方法 第17部分：稀土金属中铌、钽量的测定

续附表 1

序号	标准编号	标 准 名 称
145	GB/T 12690. 16—2010	稀土金属及其氧化物中非稀土杂质化学分析方法　第16部分：氟量的测定　离子选择性电极法
146	GB/T 12690. 15—2006	稀土金属及其氧化物化学分析方法　钙量的测定
147	GB/T 12690. 14—2006	稀土金属及其氧化物化学分析方法　钛量的测定
148	GB/T 12690. 13—2003	稀土金属及其氧化物中非稀土杂质化学分析方法　钼、钨量的测定　电感耦合等离子体发射光谱法和电感耦合等离子体质谱法
149	GB/T 12690. 12—2003	稀土金属及其氧化物中非稀土杂质化学分析方法　钍量的测定　偶氮胂Ⅲ分光光度法和电感耦合等离子体质谱法
150	GB/T 12690. 1—2002	稀土金属及其氧化物中非稀土杂质化学分析方法　高频-红外吸收法测定碳、硫量
151	GB/T 12690. 11—2003	稀土金属及其氧化物中非稀土杂质化学分析方法　镁量的测定　火焰原子吸收光谱法
152	GB/T 12690. 10—2003	稀土金属及其氧化物中非稀土杂质化学分析方法　磷量的测定　钼蓝分光光度法
153	GB/T 12144—2009	氧化铽
154	GB 29435—2012	稀土冶炼加工企业单位产品能源消耗限额
155	GB/T 29655—2013	钕铁硼速凝薄片合金
156	GB/T 29917—2013	镨钕镝合金
157	GB/T 29656—2013	镨钕镝合金化学分析方法

续附表 1

序号	标准编号	标 准 名 称
158	GB/T 29657—2013	钇镁合金
159	GB/T 28882—2012	离子型稀土矿碳酸稀土
160	GB/T 29915—2013	镧镁合金
161	GB/T 29916—2013	镧镁合金化学分析方法
162	GB/T 29918—2013	稀土系 AB_5 型贮氢合金压力-组成等温线（PCI）的测试方法
163	GB/T 30075—2013	LED 用稀土氮化物红色荧光粉
164	GB/T 30076—2013	LED 用稀土硅酸盐荧光粉
165	GB/T 29914—2013	柴油车排气净化氧化催化剂

附表 2 中国稀土行业标准

序号	标准编号	标 准 名 称
1	XB/T 101—2011	高稀土铁矿石
2	XB/T 102—2007	氟碳铈矿-独居石混合精矿
3	XB/T 103—2010	氟碳铈镧矿精矿
4	XB/T 104—2010	独居石精矿
5	XB/T 105—2011	磷钇矿精矿
6	XB/T 107—2011	稀土富渣
7	XB/T 201—2006	氧化钬
8	XB/T 202—2010	氧化铥
9	XB/T 203—2006	氧化镱
10	XB/T 204—2006	氧化镥
11	XB/T 206—2007	镨钕氧化物
12	XB/T 211—2007	钐铕钆富集物
13	XB/T 212—2006	金属钆

续附表 2

序号	标准编号	标 准 名 称
14	XB/T 214—2006	氟化钕
15	XB/T 215—2006	氟化镝
16	XB/T 217—2007	金属铈
17	XB/T 218—2007	金属钇
18	XB/T 219—2007	硝酸铈
19	XB/T 220—2008	铈铽氧化物
20	XB/T 221—2008	硝酸铈铵
21	XB/T 222—2008	氢氧化铈
22	XB/T 223—2009	氟化镧
23	XB/T 401—2010	轻稀土复合孕育剂
24	XB/T 402—2008	铝钪中间合金
25	XB/T 501—2008	六硼化镧
26	XB/T 502—2007	钐钴 1-5 型永磁合金粉
27	XB 504—2008	柠檬酸稀土有机络合物饲料添加剂
28	XB/T 505—2011	汽油车排气净化催化剂载体
29	XB/T 506—2007	柴油车排气净化催化剂
30	XB/T 507—2009	2：17 型钐钆钴铜铁锆　永磁材料
31	XB/T 601. 1—2008	六硼化镧化学分析方法　硼量的测定　酸碱滴定法
32	XB/T 601. 2—2008	六硼化镧化学分析方法　铁、钙、镁、铬、锰、铜量的测定　电感耦合等离子体发射光谱法
33	XB/T 601. 3—2008	六硼化镧化学分析方法　钨量的测定　电感耦合等离子体发射光谱法

续附表2

序号	标准编号	标 准 名 称
34	XB/T 601. 4—2008	六硼化镧化学分析方法　碳量的测定　高频感应燃烧红外线吸收法测定
35	XB/T 601. 5—2008	六硼化镧化学分析方法　酸溶硅量的测定　硅钼蓝分光光度法
36	XB/T 607—2011	汽油车排气净化催化剂涂层材料试验方法
37	XB/T 610. 1—2007	钐钴1-5型永磁合金粉化学分析方法　钐、钴量的测定
38	XB/T 610. 2—2007	钐钴1-5型永磁合金粉化学分析方法　钙、铁量的测定
39	XB/T 610. 3—2007	钐钴1-5型永磁合金粉化学分析方法　氧量的测定
40	XB/T 611—2009	草酸稀土化学分析方法　灼减量的测定
41	XB/T 612. 1—2009	钕铁硼废料化学分析方法　稀土总量的测定　草酸盐重量法
42	XB/T 612. 2—2009	钕铁硼废料化学分析方法　15个稀土元素氧化物配分量的测定　电感耦合等离子体　发射光谱法
43	XB/T 614. 1—2011	钆镁合金化学分析方法　第1部分：稀土总量的测定　重量法
44	XB/T 614. 2—2011	钆镁合金化学分析方法　第2部分：镁量的测定　EDTA滴定法
45	XB/T 614. 3—2011	钆镁合金化学分析方法　第3部分：碳量的测定　高频-红外吸收法
46	XB/T 614. 4—2011	钆镁合金化学分析方法　第4部分：氟量的测定　水蒸气蒸馏分光光度法

续附表 2

序号	标准编号	标准名称
47	XB/T 614.5—2011	钆镁合金化学分析方法　第 5 部分：稀土杂质含量的测定
48	XB/T 614.6—2011	钆镁合金化学分析方法　第 6 部分：铝、钙、铜、铁、镍、硅量的测定　电感耦合等离子体原子发射光谱法
49	XB/T 613.1—2010	铈铽氧化物化学分析方法　第 1 部分：氧化铈和氧化铽量的测定　电感耦合等离子体发射光谱法
50	XB/T 613.2—2010	铈铽氧化物化学分析方法　第 2 部分：氧化镧、氧化镨、氧化钕、氧化钐、氧化铕、氧化钆、氧化镝、氧化钬、氧化铒、氧化铥、氧化镱、氧化镥和氧化钇量的测定　电感耦合等离子体发射光谱法
51	XB/T 701—2007	钐钴 1-5 型永磁合金粉物理性能测试方法　平均粒度的测定
52	XB/T 403—2012	钆铁合金
53	XB/T 616.1—2012	钆铁合金化学分析方法　第 1 部分：稀土总量的测定　重量法
54	XB/T 616.2—2012	钆铁合金化学分析方法　第 2 部分：稀土杂质含量的测定　电感耦合等离子体原子发射光谱法
55	XB/T 616.3—2012	钆铁合金化学分析方法　第 3 部分：钙、镁、铝、锰量的测定　电感耦合等离子体原子发射光谱法
56	XB/T 616.4—2012	钆铁合金化学分析方法　第 4 部分：铁量的测定　重铬酸钾容量法

续附表2

序号	标准编号	标准名称
57	XB/T 616.5—2012	钆铁合金化学分析方法　第5部分：硅量的测定　硅酸蓝分光光度法
58	XB/T 209—2012	氟化轻稀土
59	XB/T 615—2012	氟化稀土化学分析方法　氟量的测定　水蒸气蒸馏-EDTA滴定法
60	XB/T 224—2013	镧镨钕氧化物
61	XB/T 612.3—2013	钕铁硼废料化学分析方法　第3部分：硼、钴、铝、铜、铬、镍、锰、钛、钙、镁含量的测定　电感耦合等离子体原子发射光谱法
62	XB/T 225—2013	铈钆铽氧化物
63	XB/T 301—2013	高纯金属镝
64	XB/T 302—2013	高纯金属铽

附录二　64种有色金属元素

64种有色金属包括：铝、镁、钾、钠、钙、锶、钡、铜、铅、锌、锡、钴、镍、锑、汞、镉、铋、金、银、铂、钌、铑、钯、锇、铱、铍、锂、铷、铯、钛、锆、铪、钒、铌、钽、钨、钼、镓、铟、铊、锗、铼、镧、铈、镨、钕、钐、铕、钆、铽、镝、钬、铒、铥、镱、镥、钇、钪、硅、硼、硒、碲、砷、钍。

有色金属又分为轻金属、重金属、稀有金属、贵金属和其他有色金属。

（1）轻金属：7种，铝、镁、钾、钠、钙、锶、钡（其中钾、钠、钙、锶、钡5种一般为化工系统的产品）。

（2）重金属：10种，铜、铅、锌、镍、钴、锡、锑、铋、镉、汞。

（3）稀有金属：35种，又细分为四类：

1）稀有轻金属4种（在稀有金属中密度最小）：锂、铍、铷、铯。

2）稀有难熔金属8种（在金属中熔点较高）：钨、钼、钽、铌、钛、锆、铪、钒。

3）稀散金属7种（矿体生成极为分散、且多为与其他矿物共生、非经准确的全分析不易发现）：镓、铟、铊、锗、硒、碲、铼（有的分法，将铼分为难熔金属）。

4）稀土金属16种（其氧化物似土，故名）：镧、铈、镨、钕、钐、铕、钆、铽、镝、钬、铒、铥、镱、镥、钇、钪。

（4）贵金属：8 种，金、银、钌、铑、钯、锇、铱、铂。

（5）其他有色金属：4 种，硅、砷、硼、钍。

附录三　元素周期表

周期	$\mathrm{I_A}$	$\mathrm{II_A}$	$\mathrm{III_B}$	$\mathrm{IV_B}$	$\mathrm{V_B}$	$\mathrm{VI_B}$	$\mathrm{VII_B}$	Ⅷ			$\mathrm{I_B}$	$\mathrm{II_B}$	$\mathrm{III_A}$	$\mathrm{IV_A}$	$\mathrm{V_A}$	$\mathrm{VI_A}$	$\mathrm{VII_A}$	
1	1 H 氢 1.0079																	2 He 氦 4.0026
2	3 Li 锂 6.941	4 Be 铍 9.0122											5 B 硼 10.811	6 C 碳 12.011	7 N 氮 14.007	8 O 氧 15.999	9 F 氟 18.998	10 Ne 氖 20.17
3	11 Na 钠 22.9898	12 Mg 镁 24.305											13 Al 铝 26.982	14 Si 硅 28.085	15 P 磷 30.974	16 S 硫 32.06	17 Cl 氯 35.453	18 Ar 氩 39.94
4	19 K 钾 39.098	20 Ca 钙 40.08	21Sc 钪 44.956	22 Ti 钛 47.9	23 V 钒 50.9415	24 Cr 铬 51.996	25Mn 锰 54.938	26 Fe 铁 55.84	27 Co 钴 58.9332	28 Ni 镍 58.69	29 Cu 铜 63.54	30 Zn 锌 65.38	31 Ga 镓 69.72	32 Ge 锗 72.59	33 As 砷 74.9216	34 Se 硒 78.9	35 Br 溴 79.904	36 Kr 氪 83.8
5	37Rb 铷 85.467	38 Sr 锶 87.62	39 Y 钇 88.905	40 Zr 锆 91.22	41 Nb 铌 92.9064	42Mo 钼 95.94	43 Tc 锝 97.99	44 Ru 钌 101.07	45 Rh 铑 102.906	46 Pd 钯 106.42	47 Ag 银 107.868	48 Cd 镉 112.41	49 In 铟 114.82	50 Sn 锡 118.7	51Sb 锑 121.7	52 Te 碲 127.6	53 I 碘 126.905	54 Xe 氙 131.3
6	55Cs 铯 132.905	56 Ba 钡 137.33	57–71 La–Lu 镧系	72Hf 铪 178.49	73 Ta 钽 180.947	74 W 钨 183.8	75 Re 铼 186.207	76 Os 锇 190.2	77 Ir 铱 192.2	78 Pt 铂 195.08	79 Au 金 196.967	80Hg 汞 200.5	81 Tl 铊 204.3	82 Pb 铅 207.2	83Bi 铋 208.98	84Po 钋 (209)	85 At 砹 (210)	86 Rn 氡 (222)
7	87 Fr 钫 (223)	88 Ra 镭 (226.03)	89–103 Ac–Lr 锕系	104Rf 𬬻 (261)	105Db 𬭊 (262)	106Sg 𬭳 (263)	107Bh 𬭛 (264)	108Hs 𬭶 (265)	109Mt 鿏 (268)	110Ds 𫟼 (269)	111Rg 𬬭 (272)	112Cn 鿔 (277)						

镧系	57 La 镧 138.905	58 Ce 铈 140.12	59 Pr 镨 140.91	60Nd 钕 144.2	61Pm 钷 (147)	62Sm 钐 150.4	63 Eu 铕 151.96	64Gd 钆 157.25	65Tb 铽 158.93	66 Dy 镝 162.5	67Ho 钬 164.93	68 Er 铒 167.2	69Tm 铥 168.934	70Yb 镱 173.0	71 Lu 镥 174.96
锕系	89 Ac 锕 (227)	90Th 钍 232.0381	91Pa 镤 231.03588	92 U 铀 238.02891	93 Np 镎 (237)	94 Pu 钚 (239.244)	95Am 镅 (243)	96Cm 锔 (247)	97 Bk 锫 (247)	98Cf 锎 (251)	99 Es 锿 (252)	100Fm 镄 (257)	101Md 钔 (258)	102No 锘 (259)	103Lr 铹 (260)